Pop Art Regenschirme

Eckhard Schmittner

IMPRESSUM

© 2018, Eckhard Schmittner

Titel: Pop Art Regenschirme

Alle Rechte vorbehalten.

Covergestaltung: Bettina Bauch

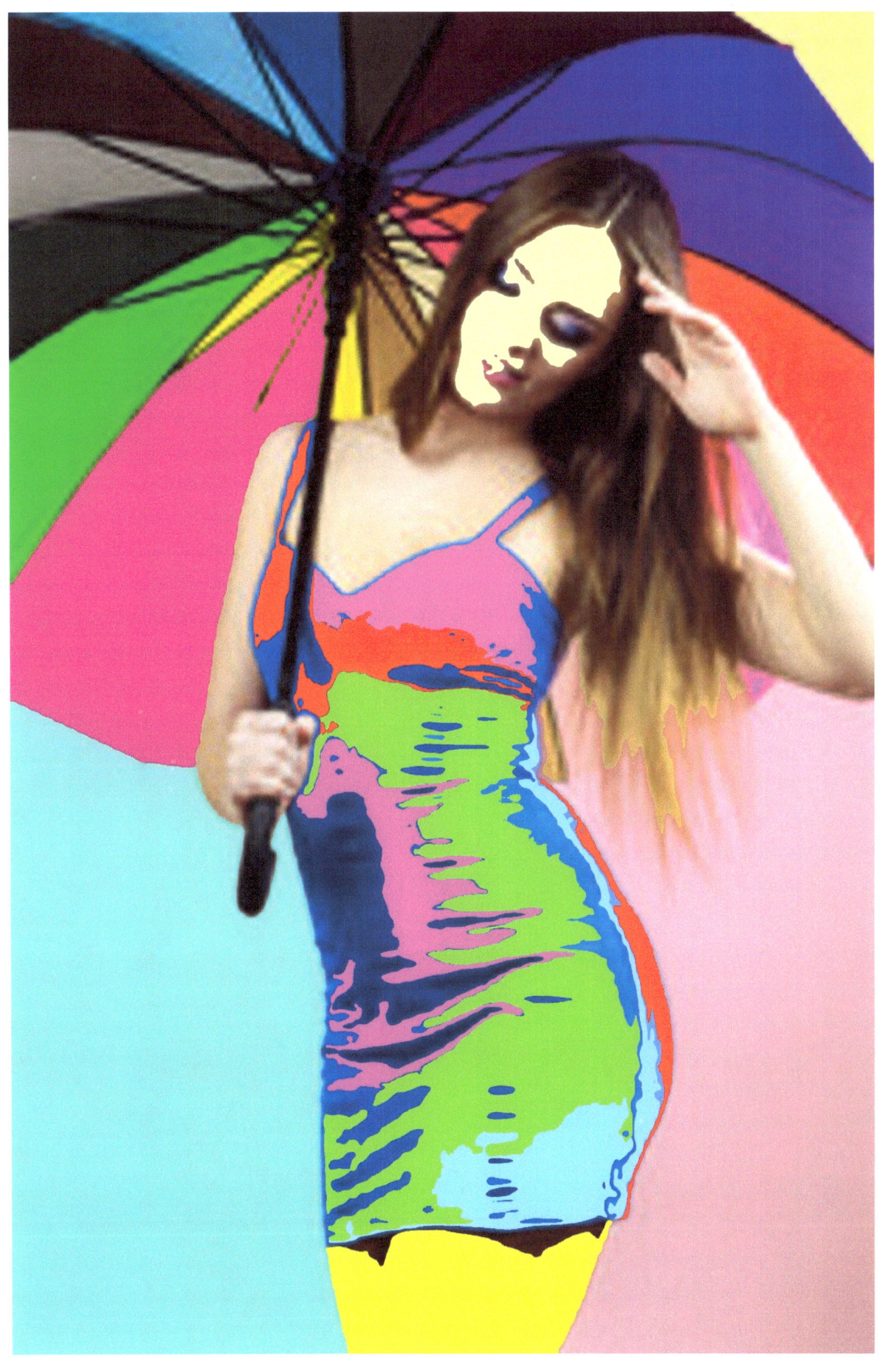

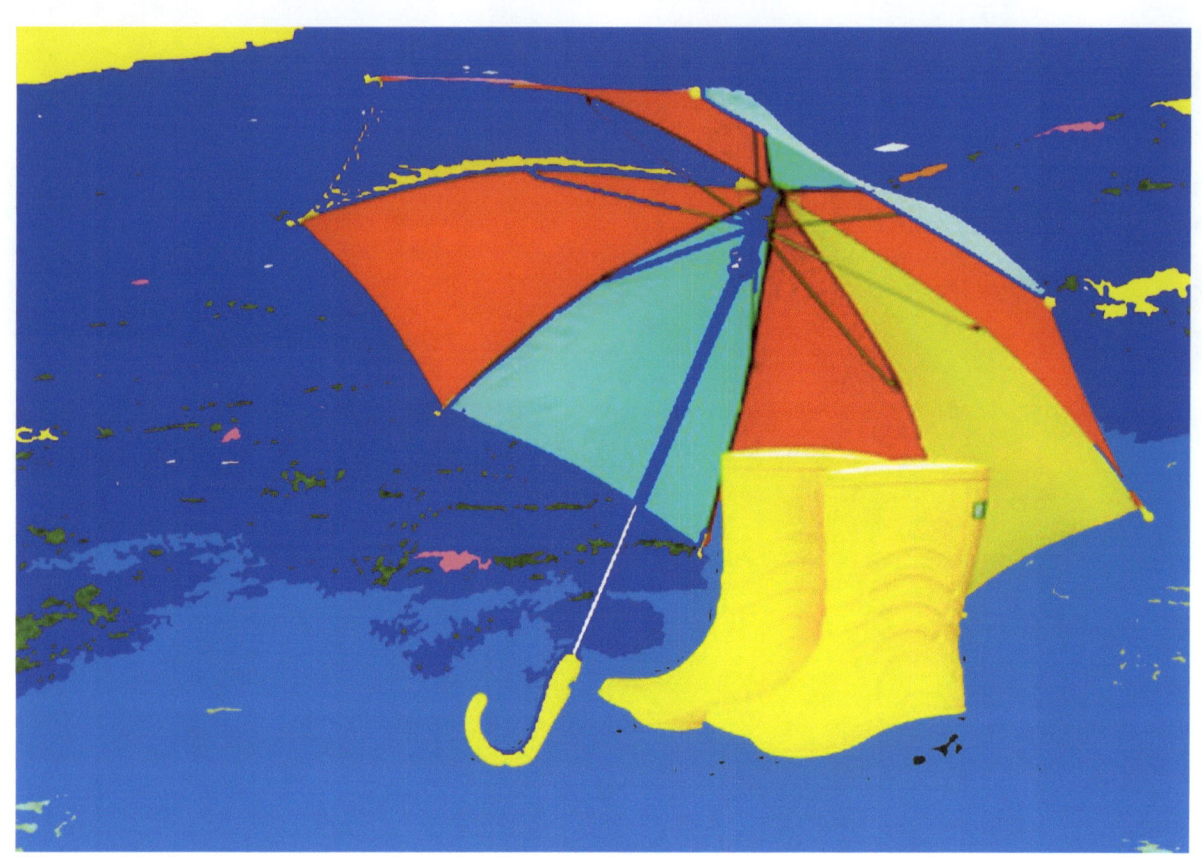

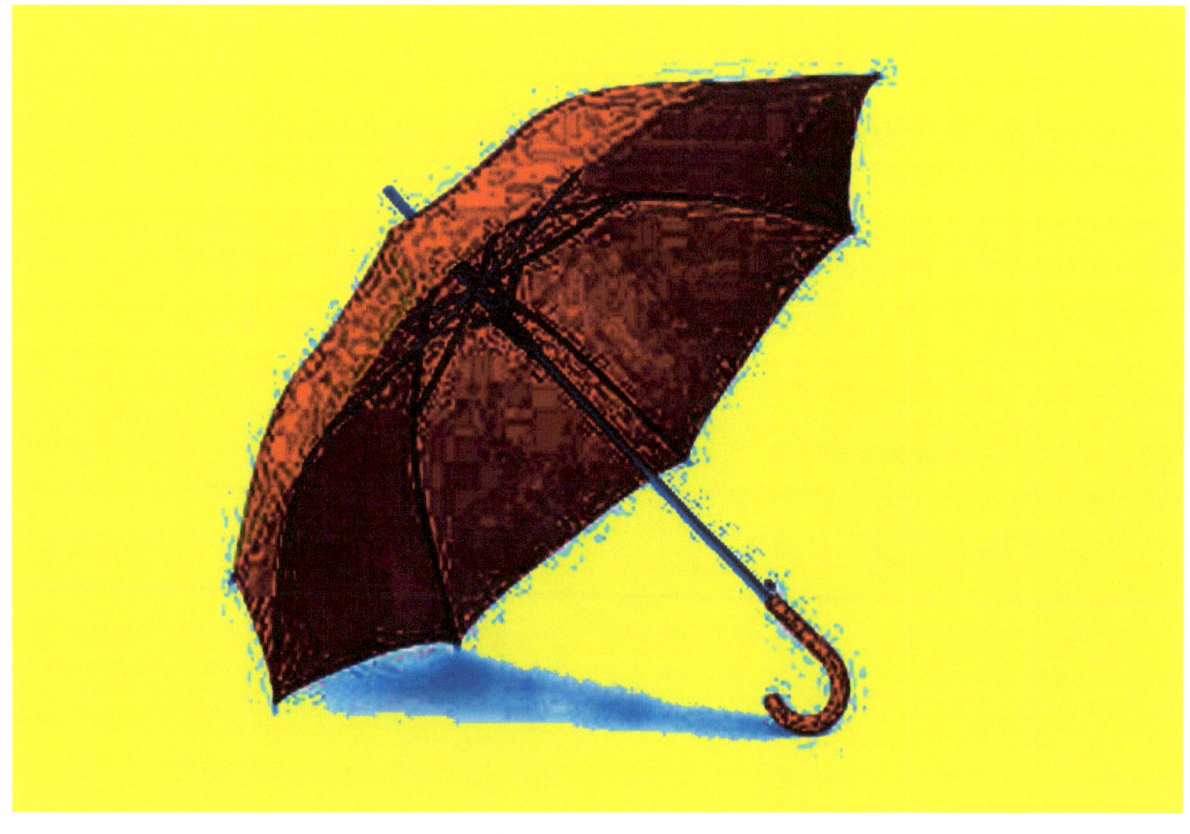

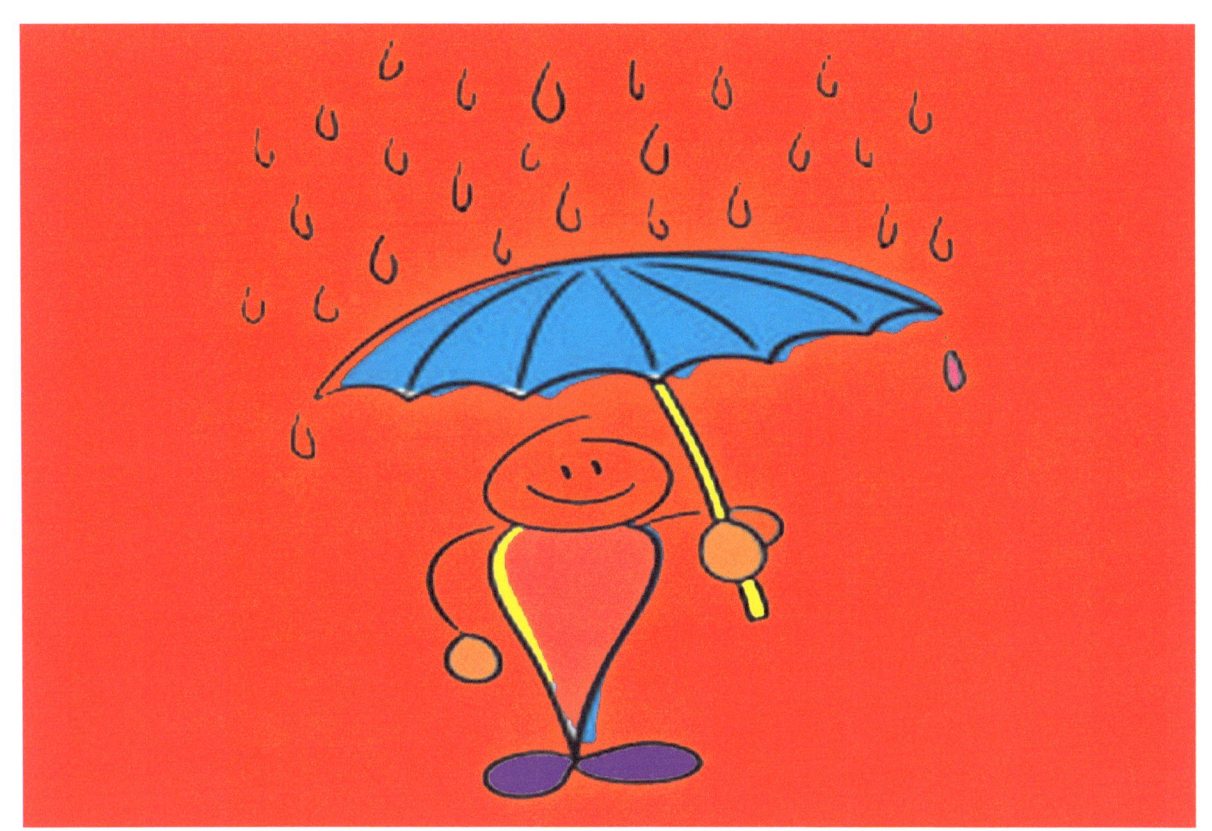

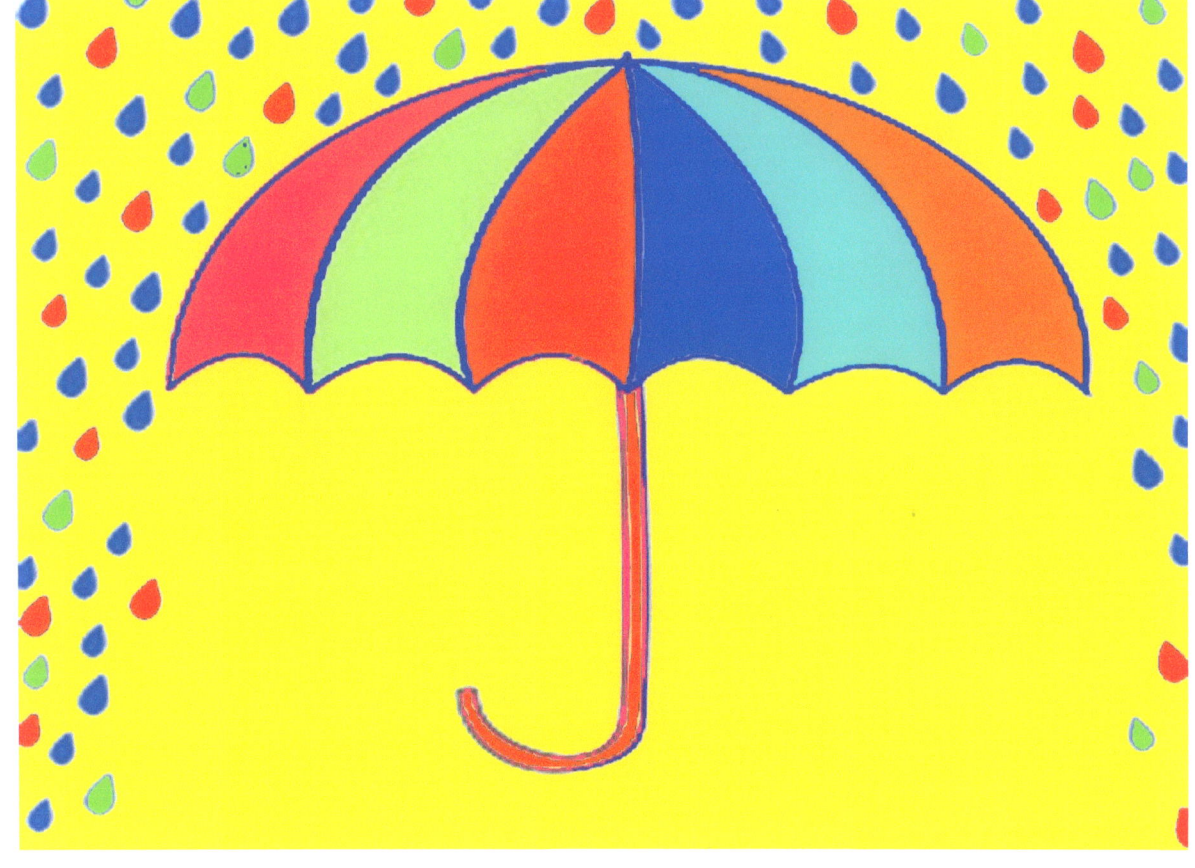

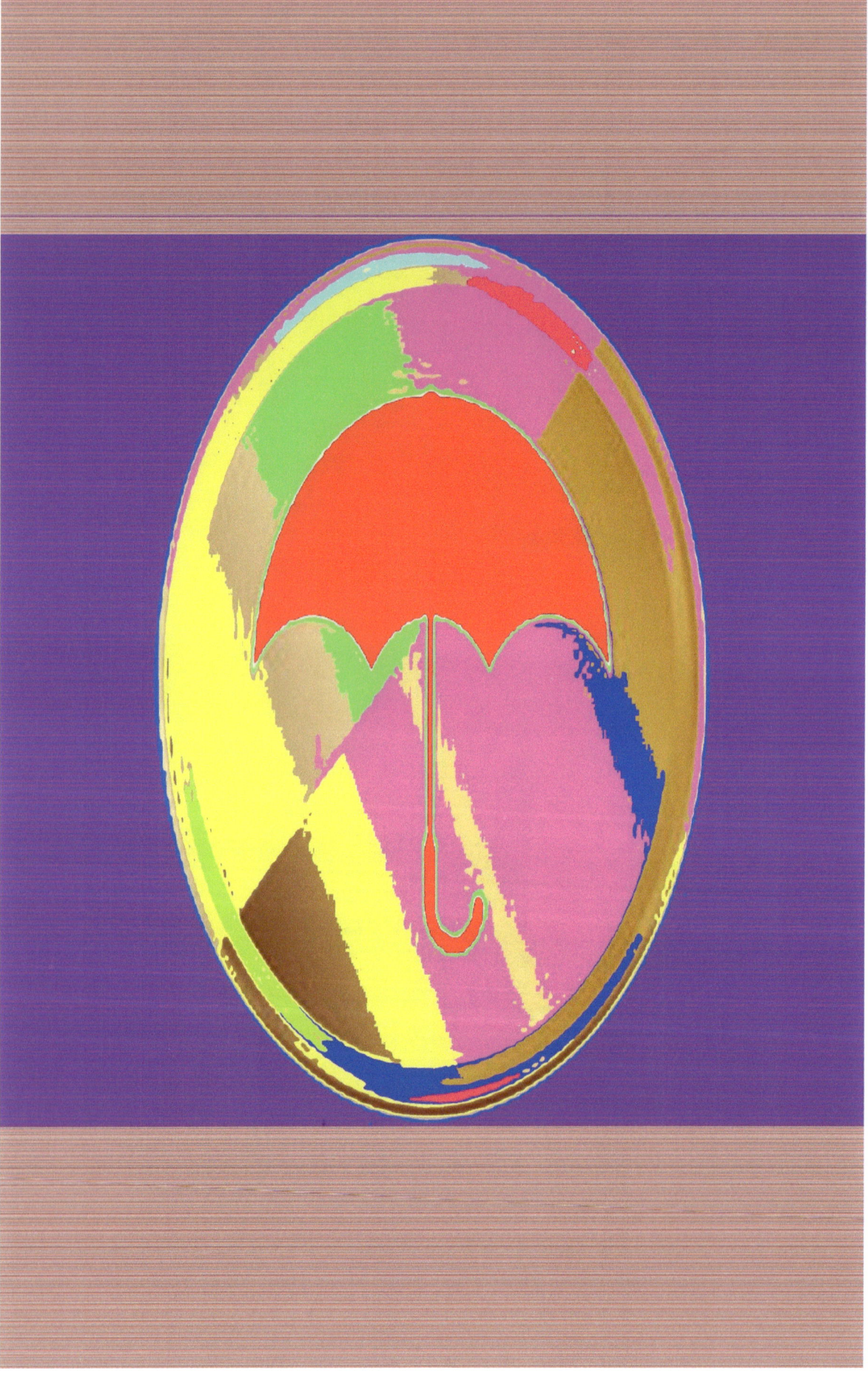

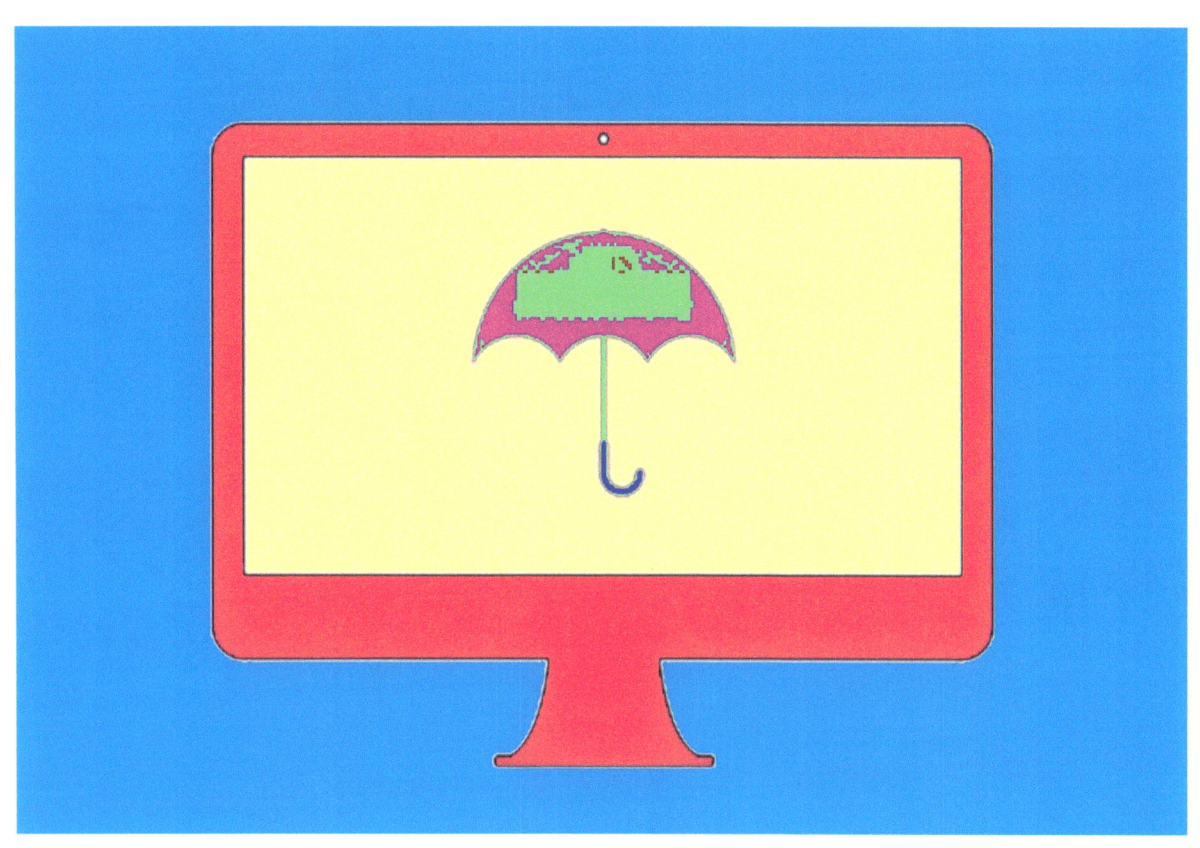

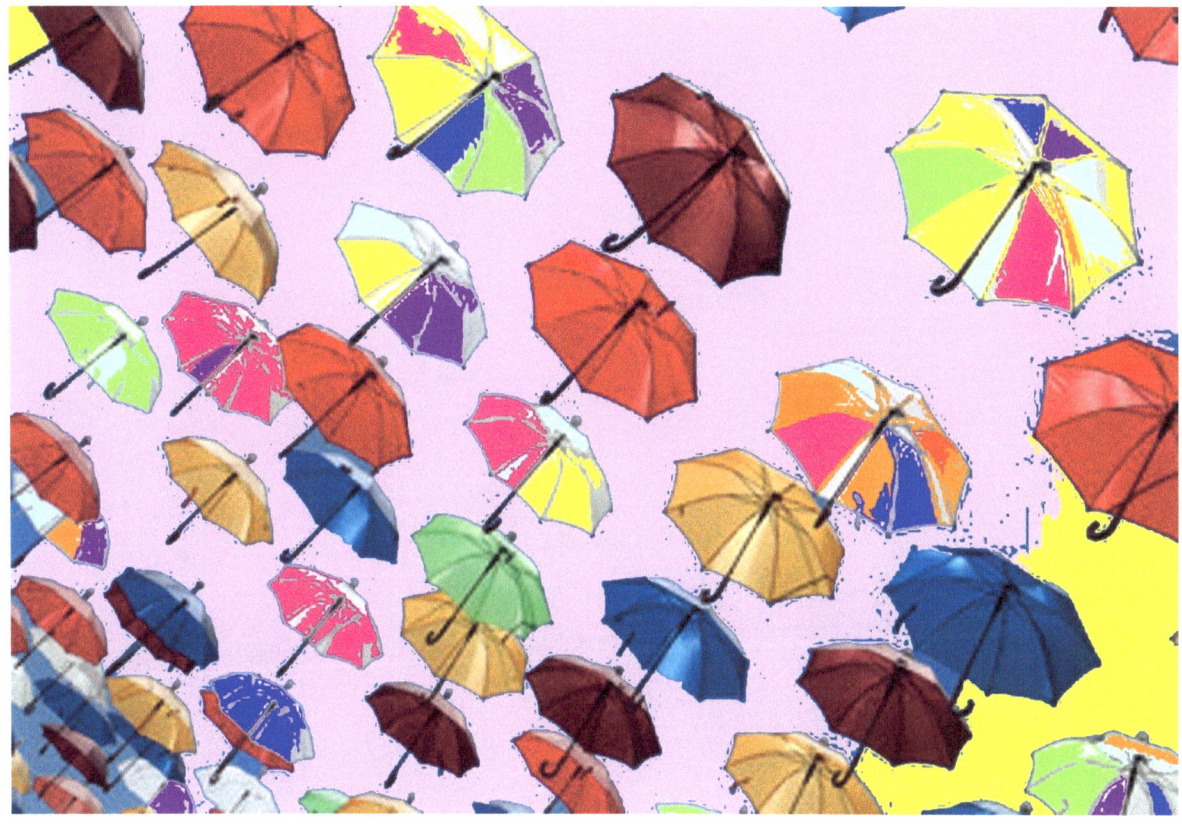

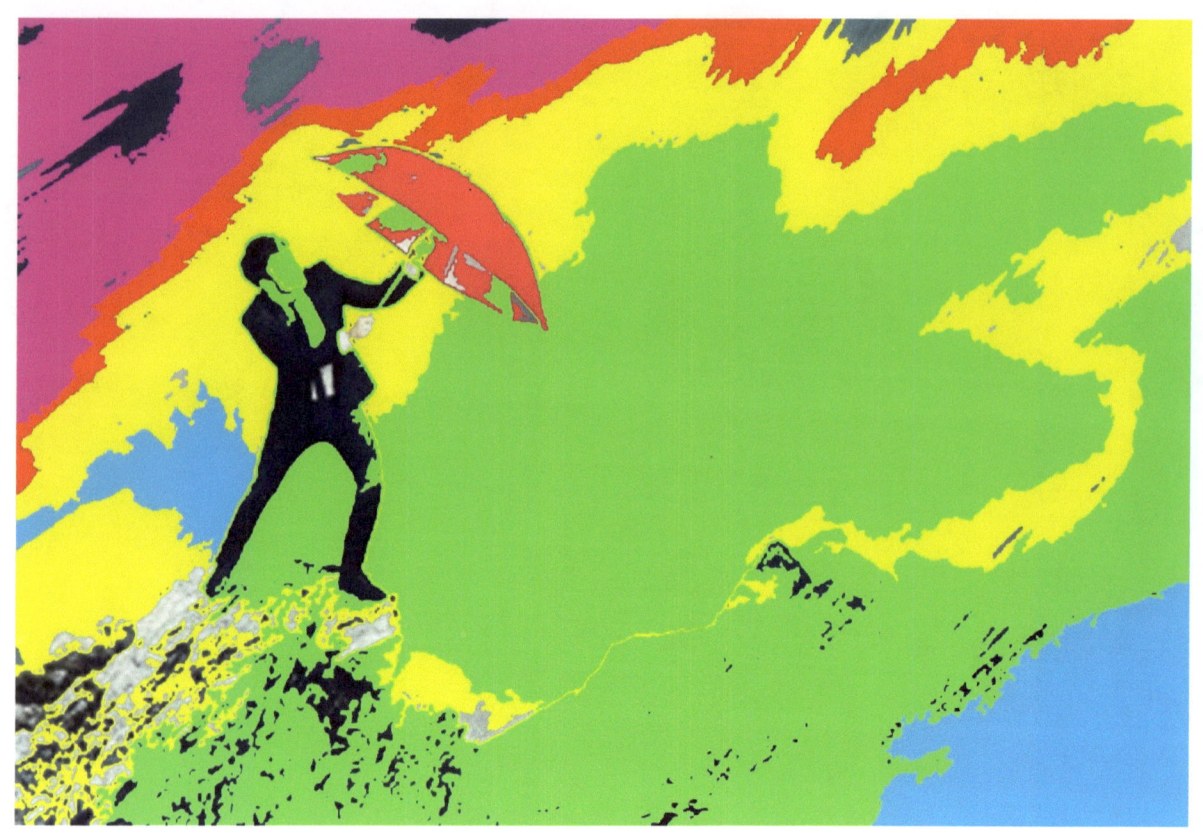

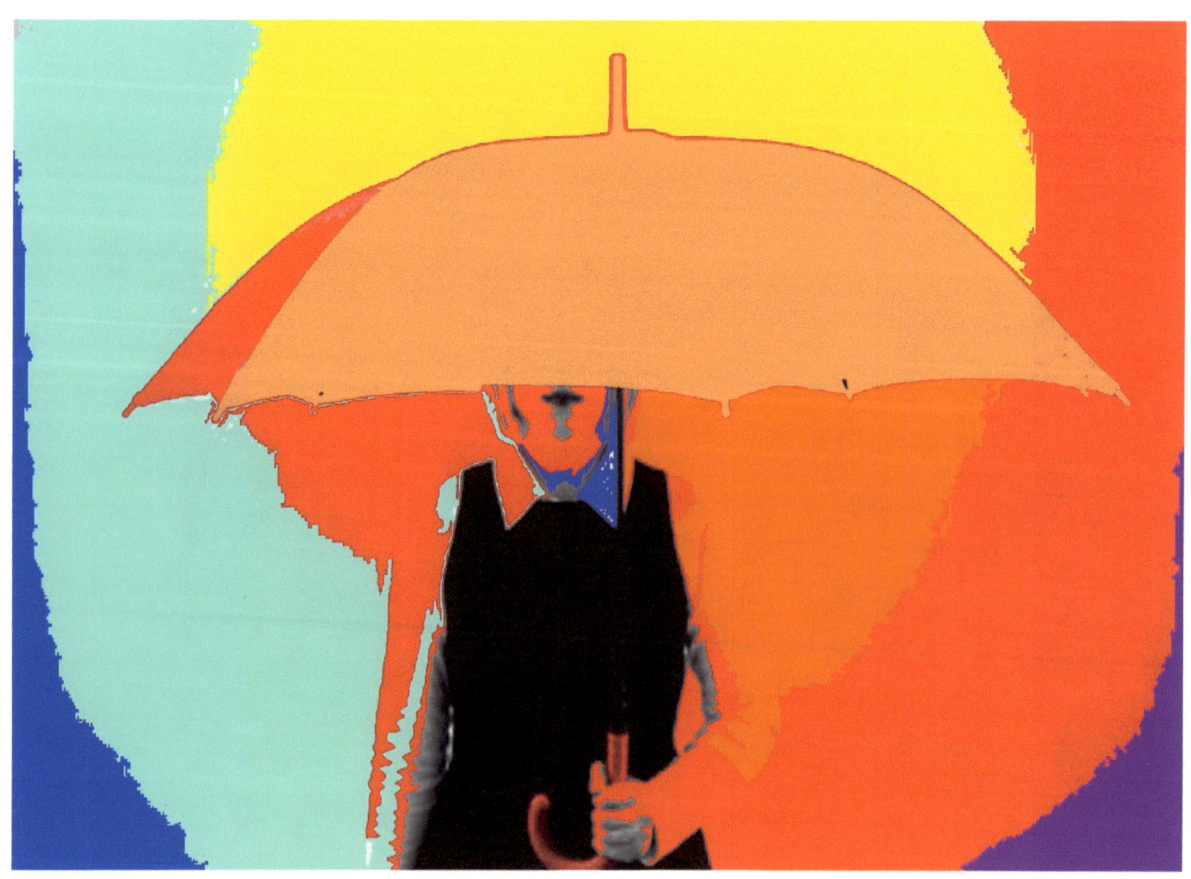

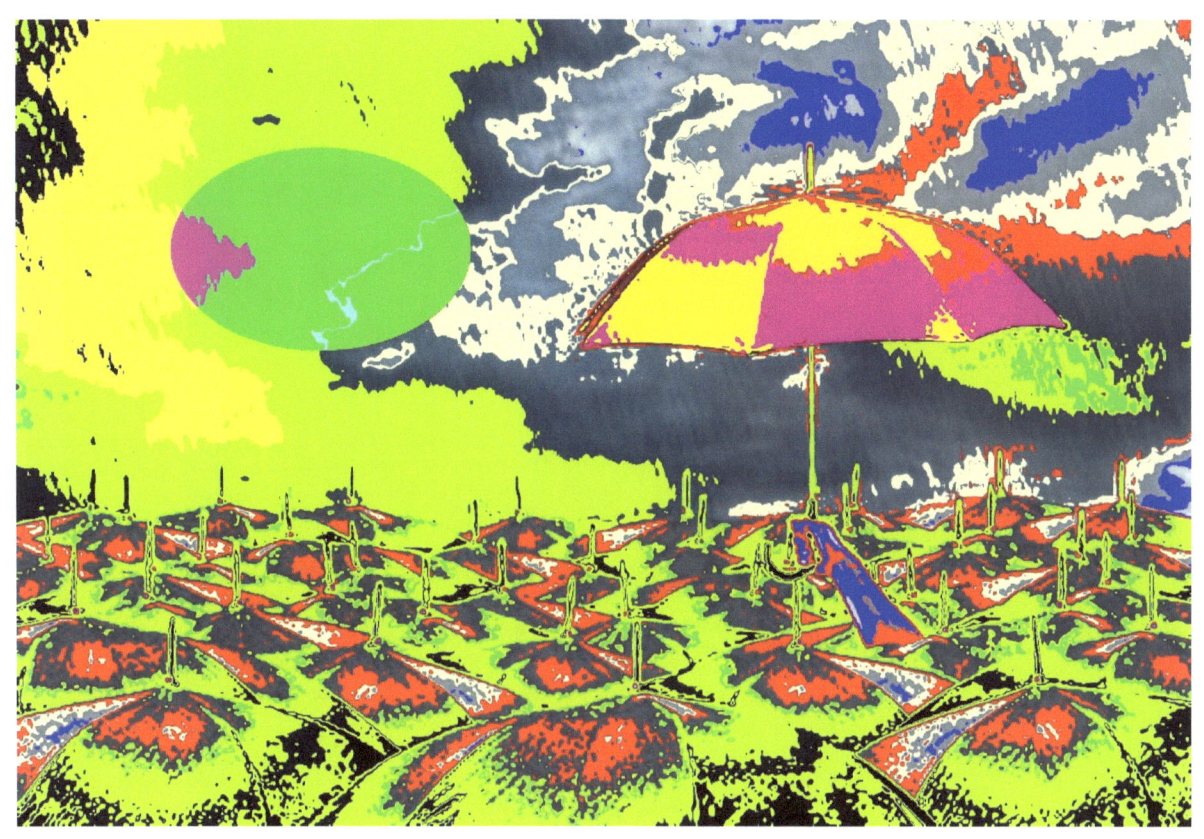

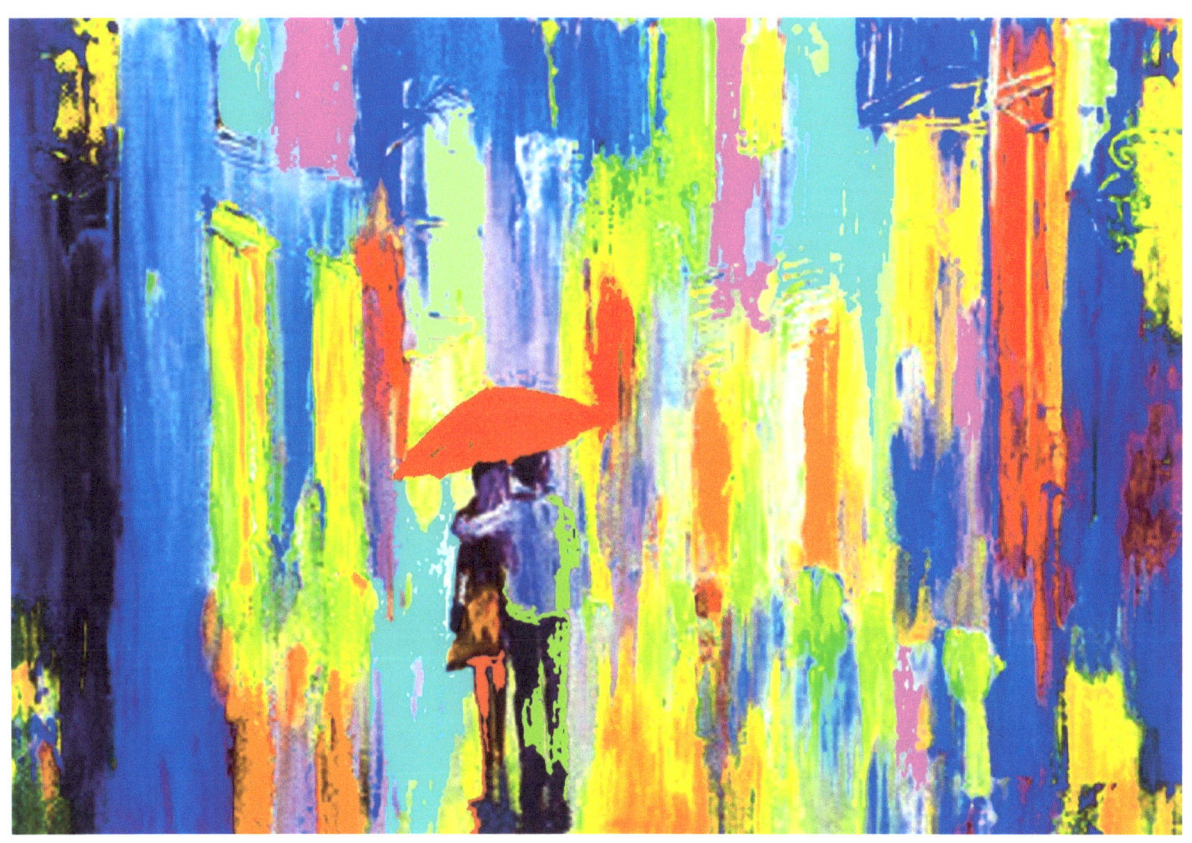

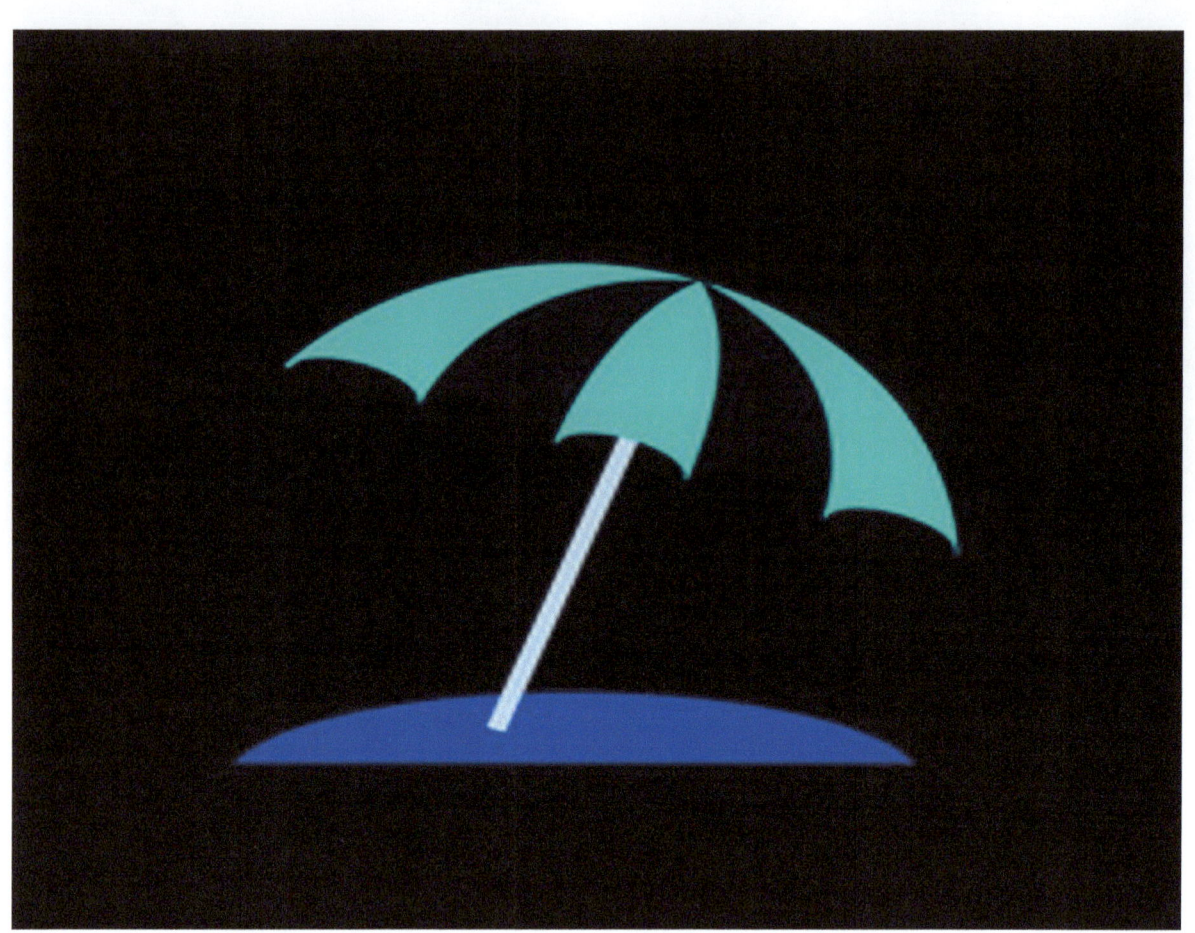

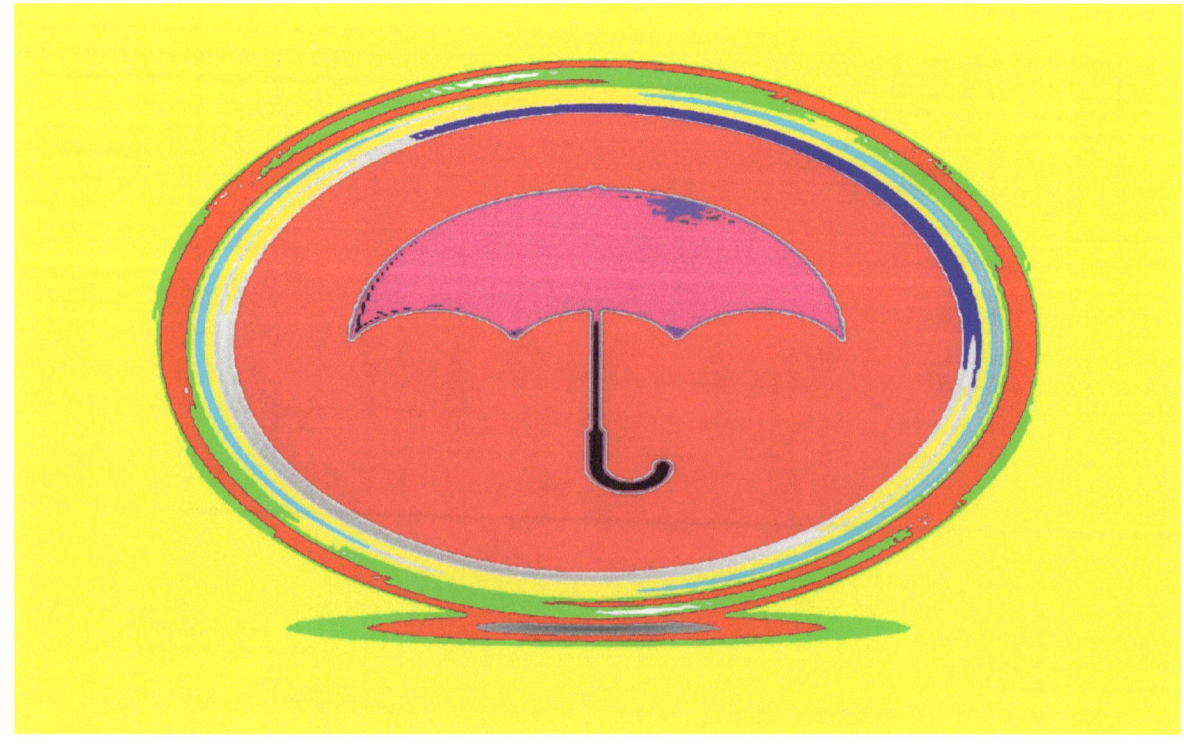

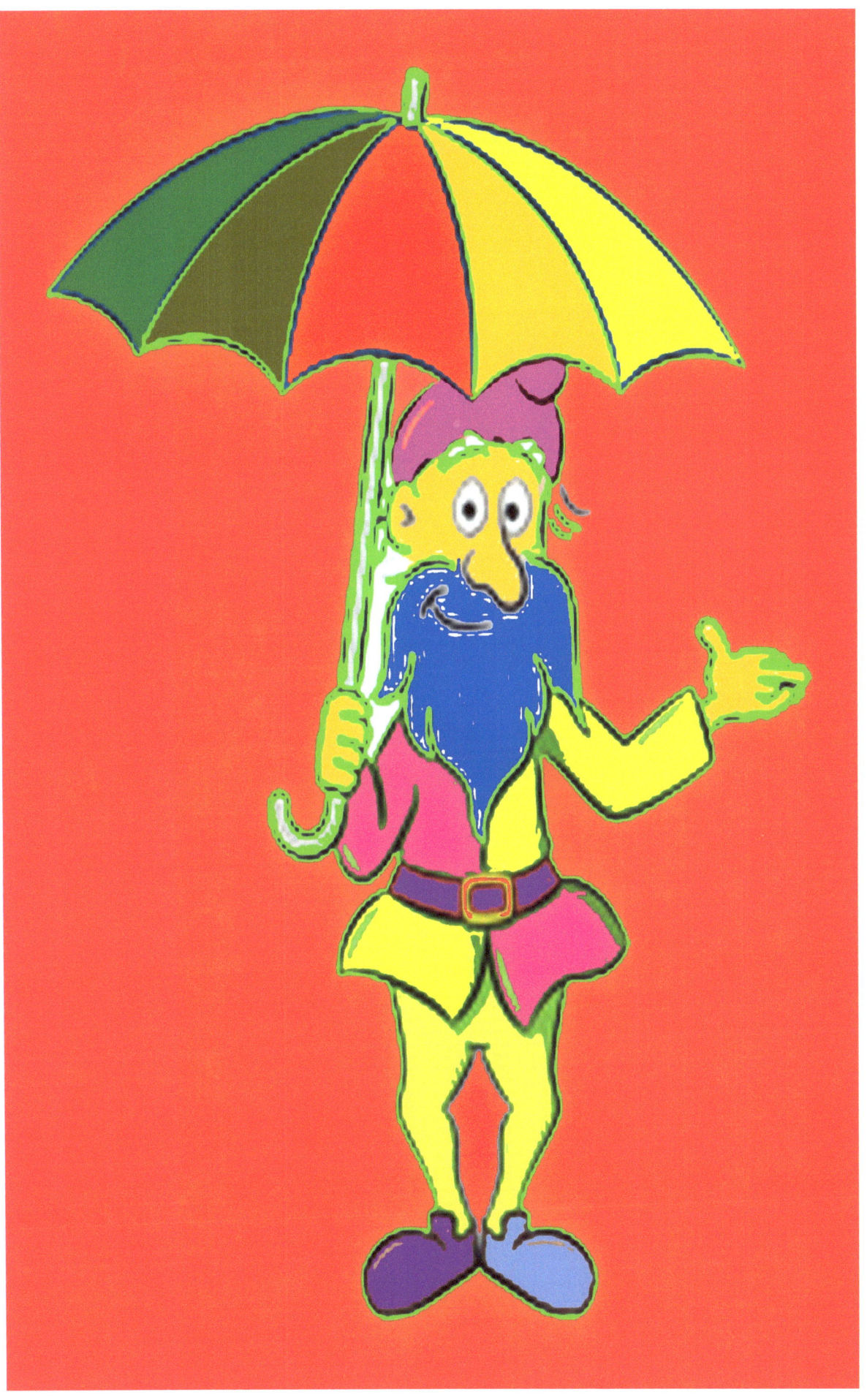

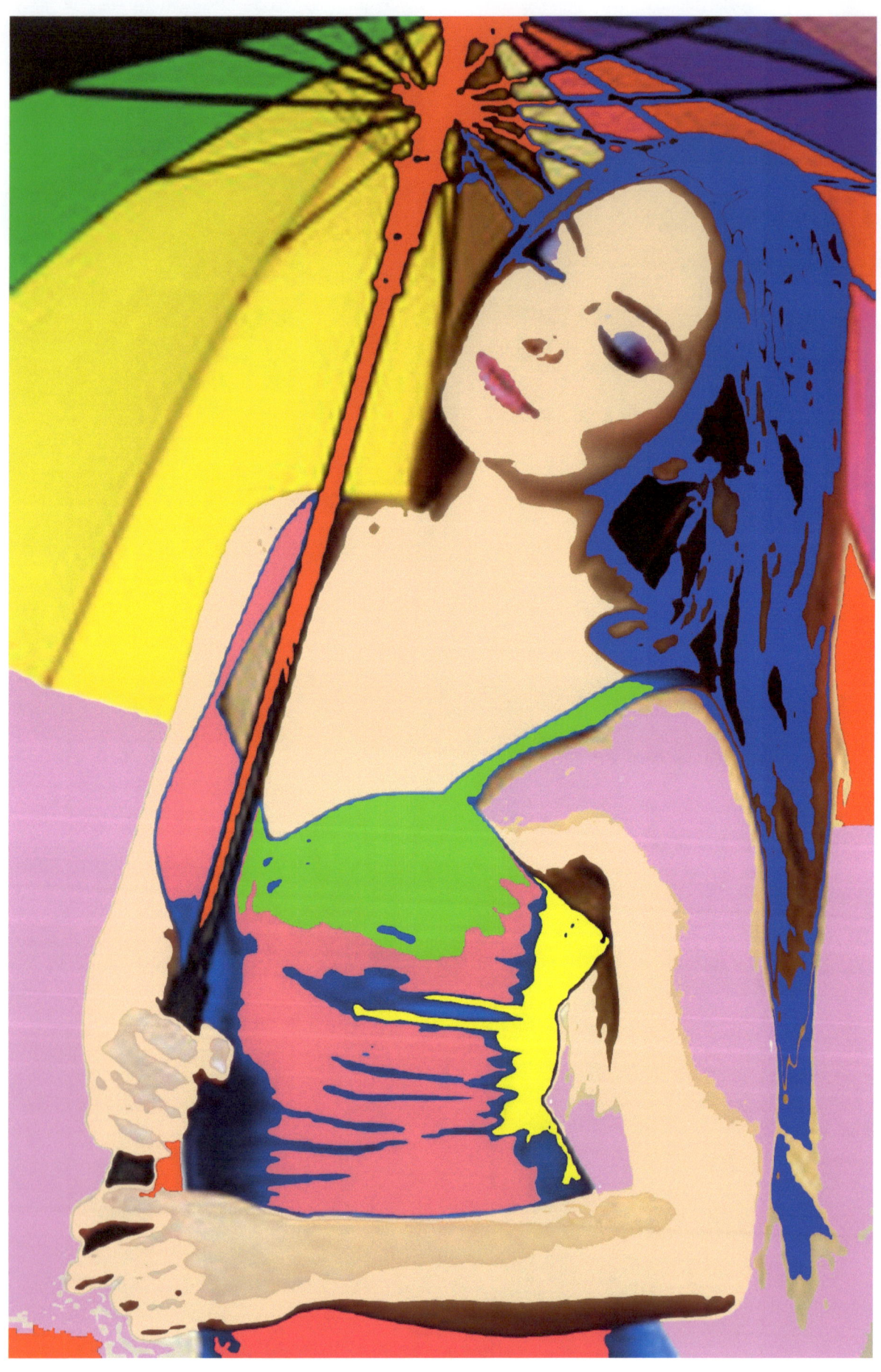

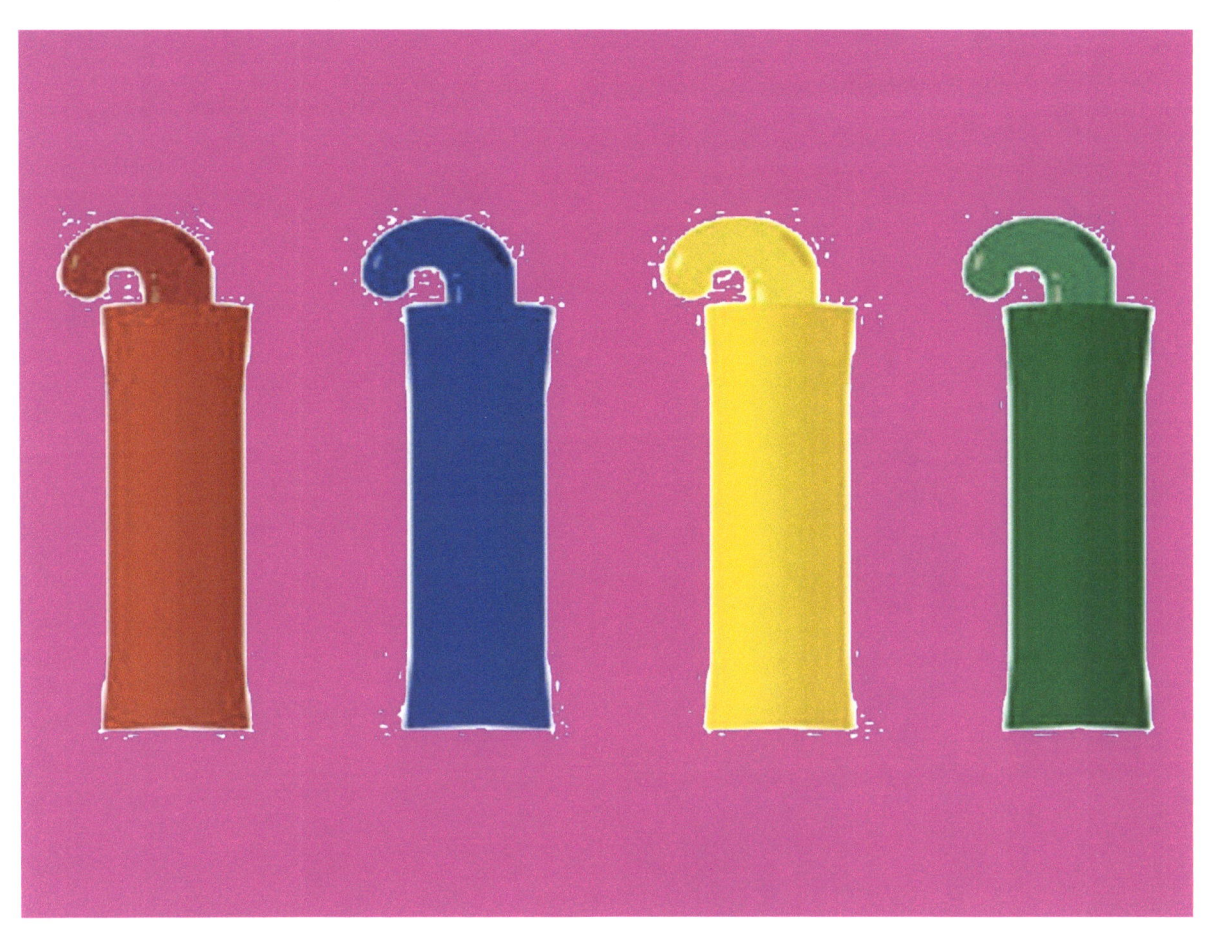
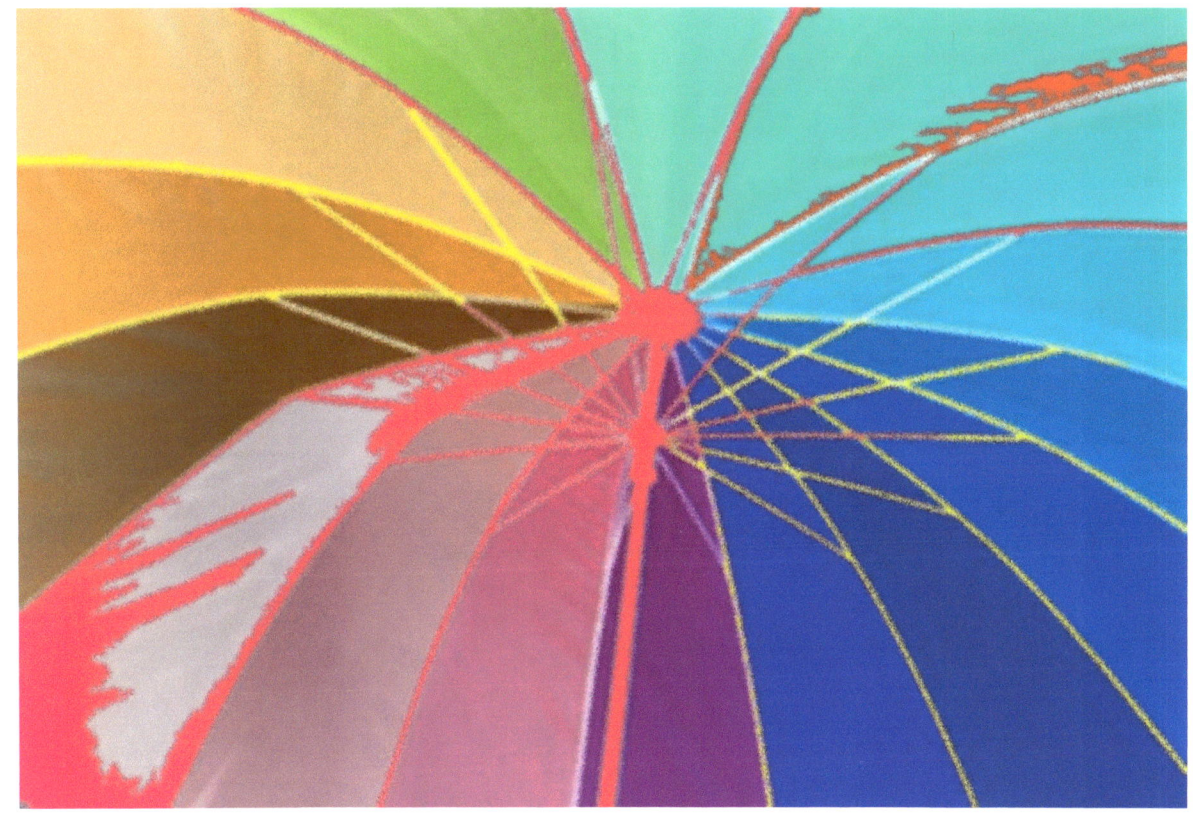

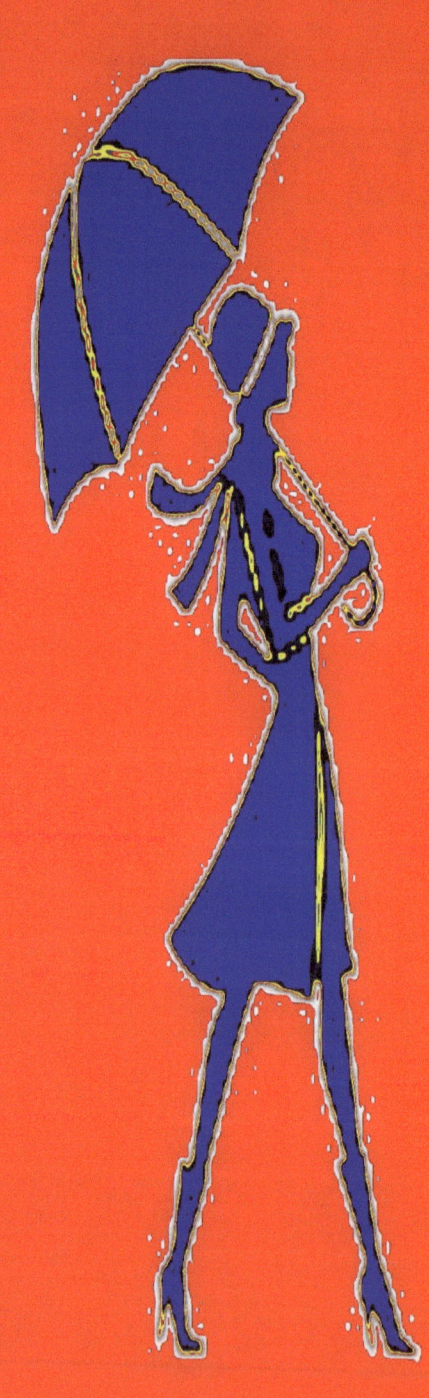

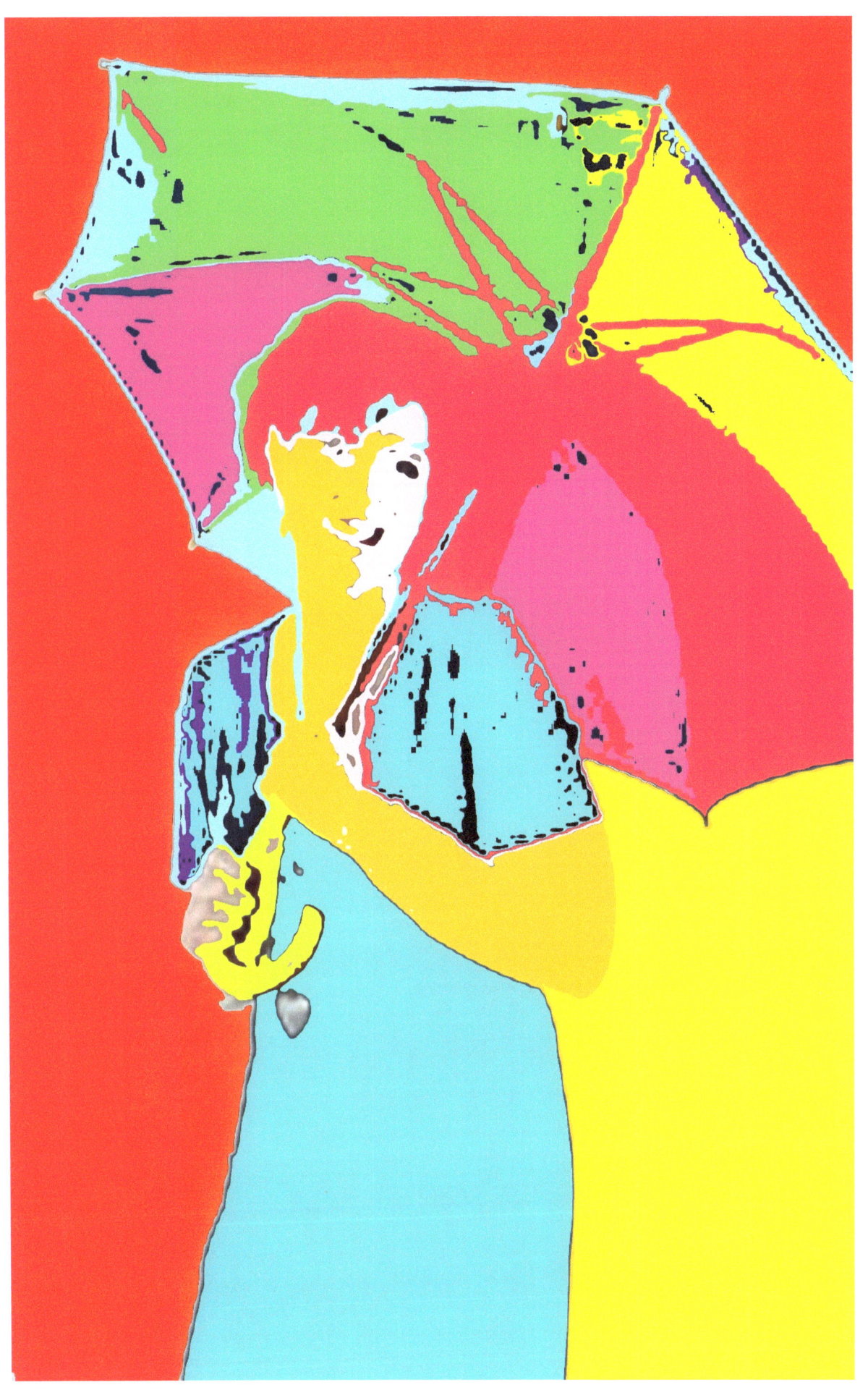

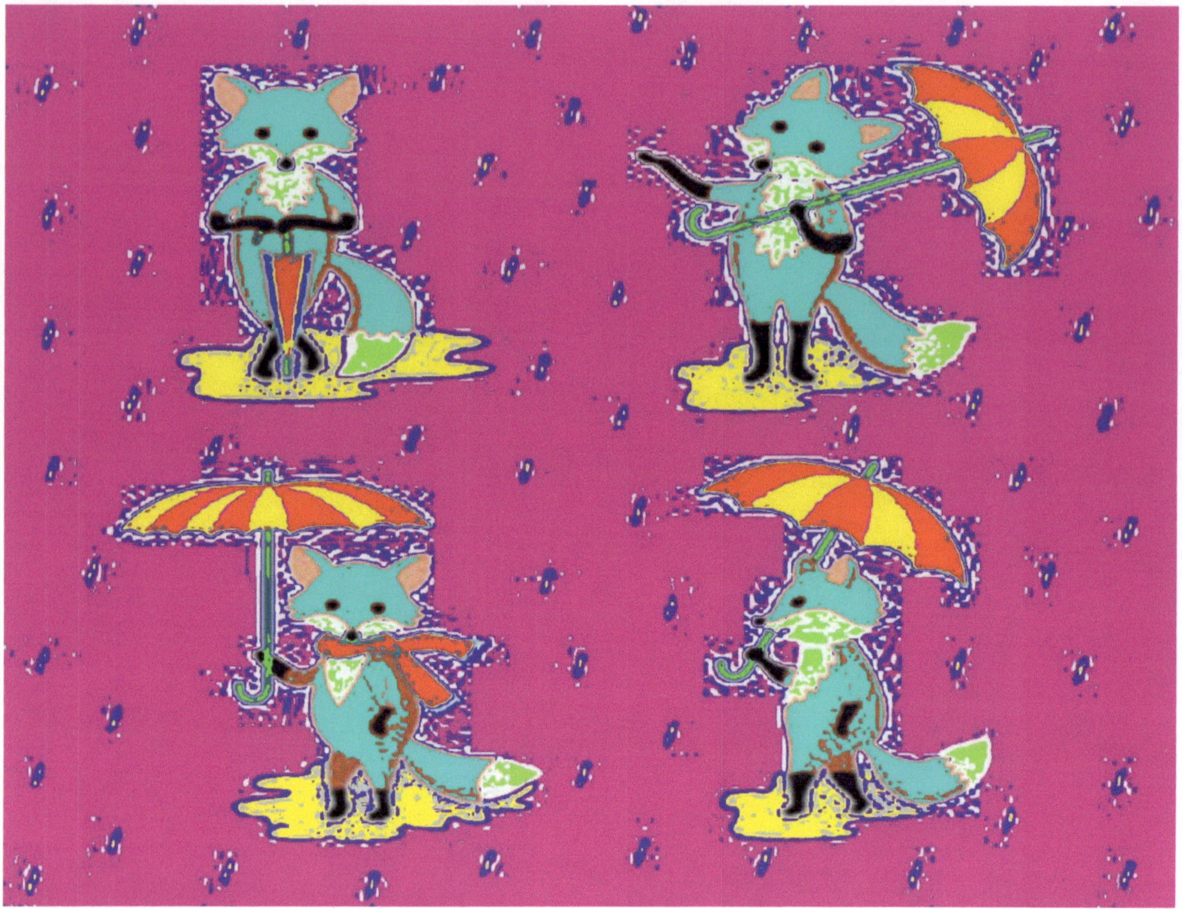

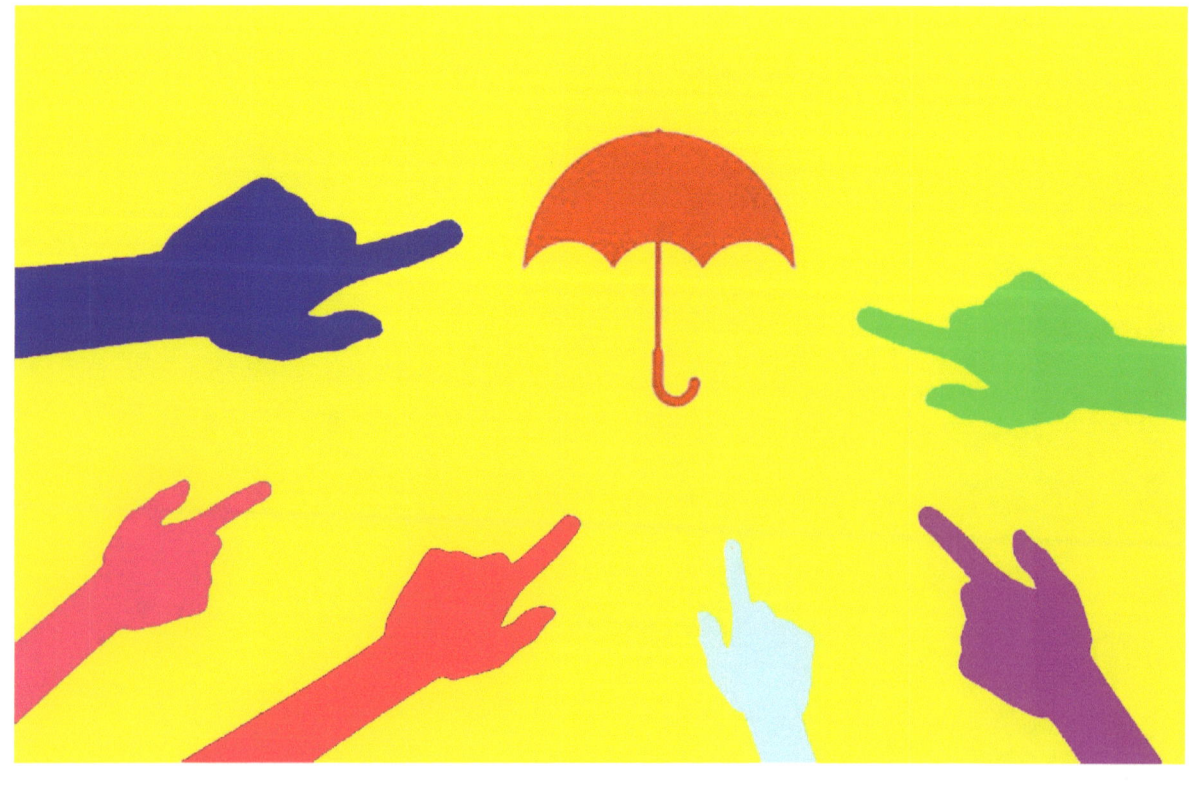

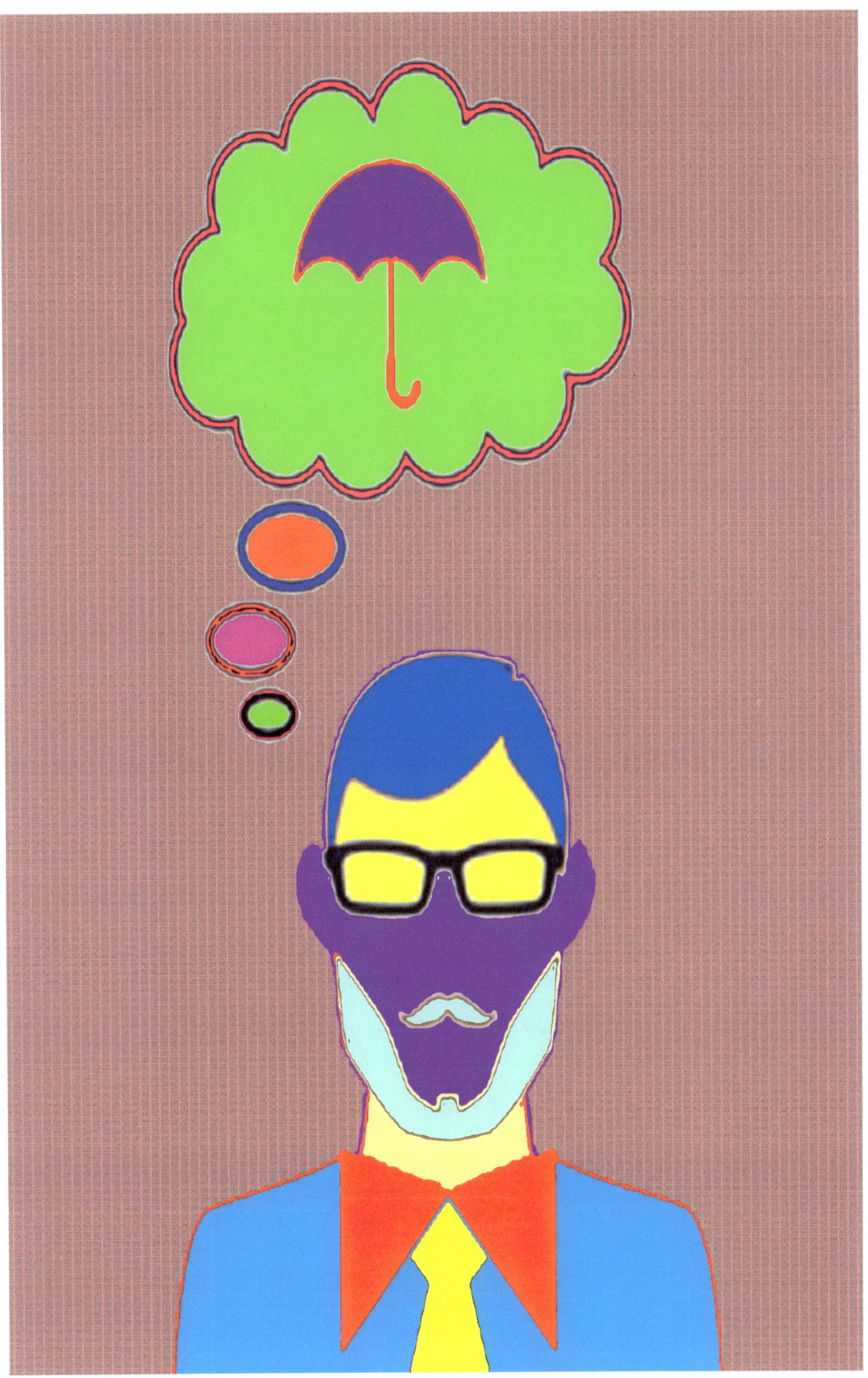

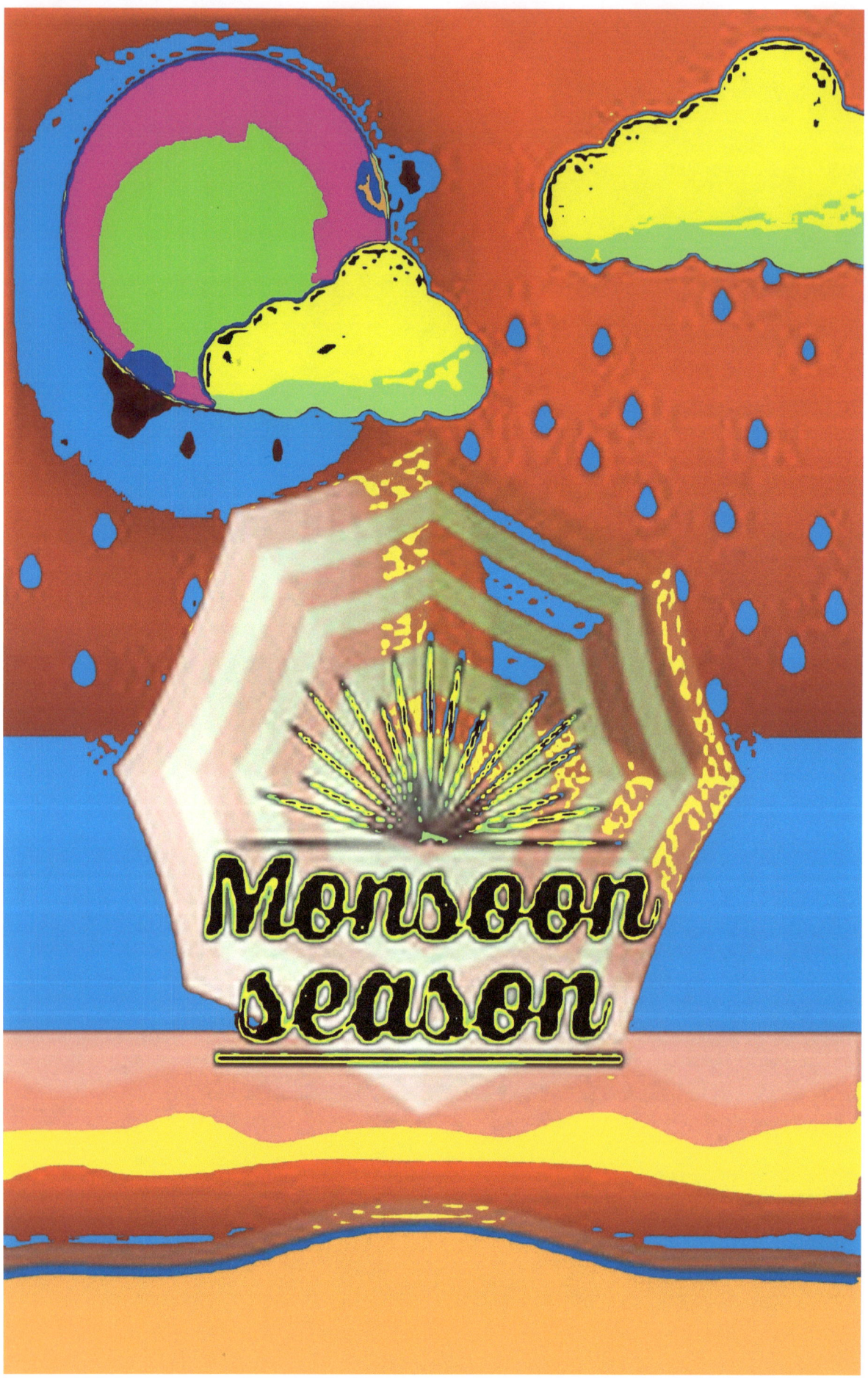

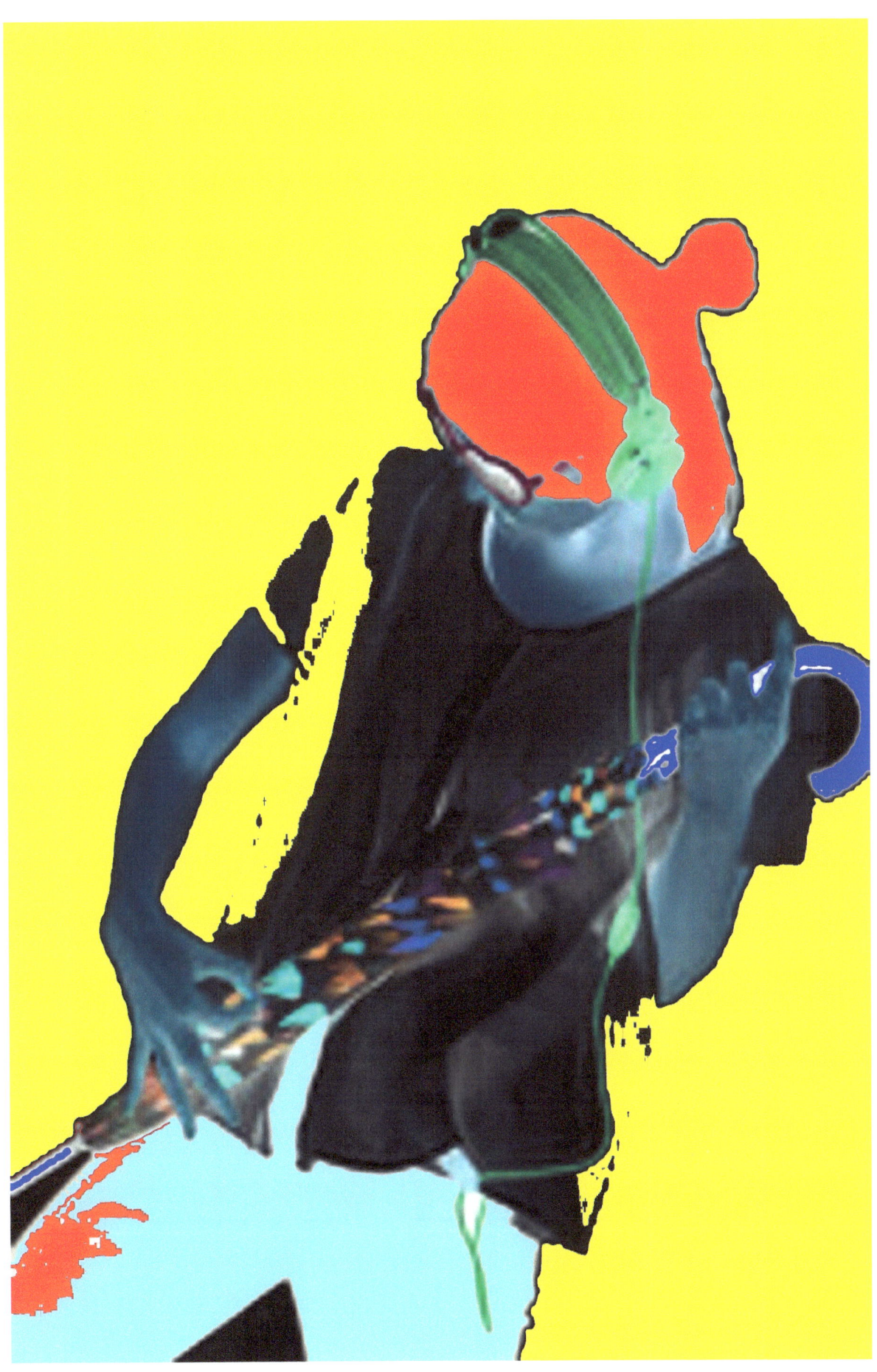

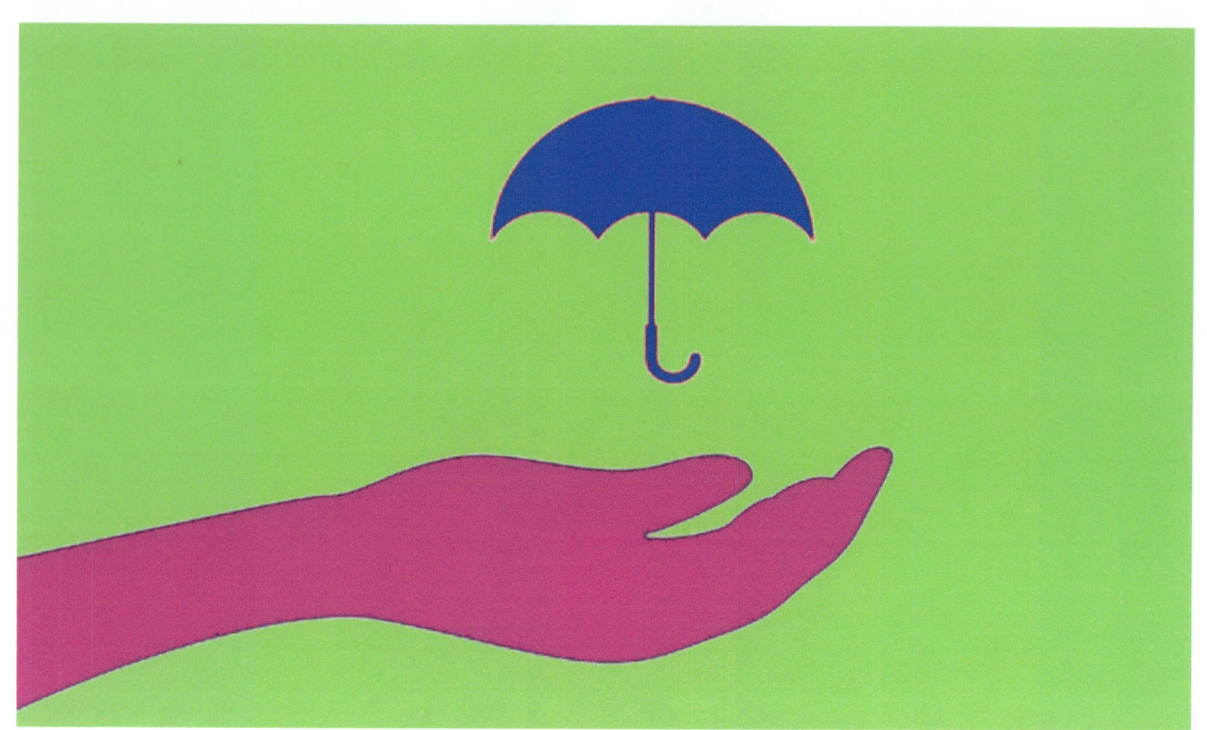

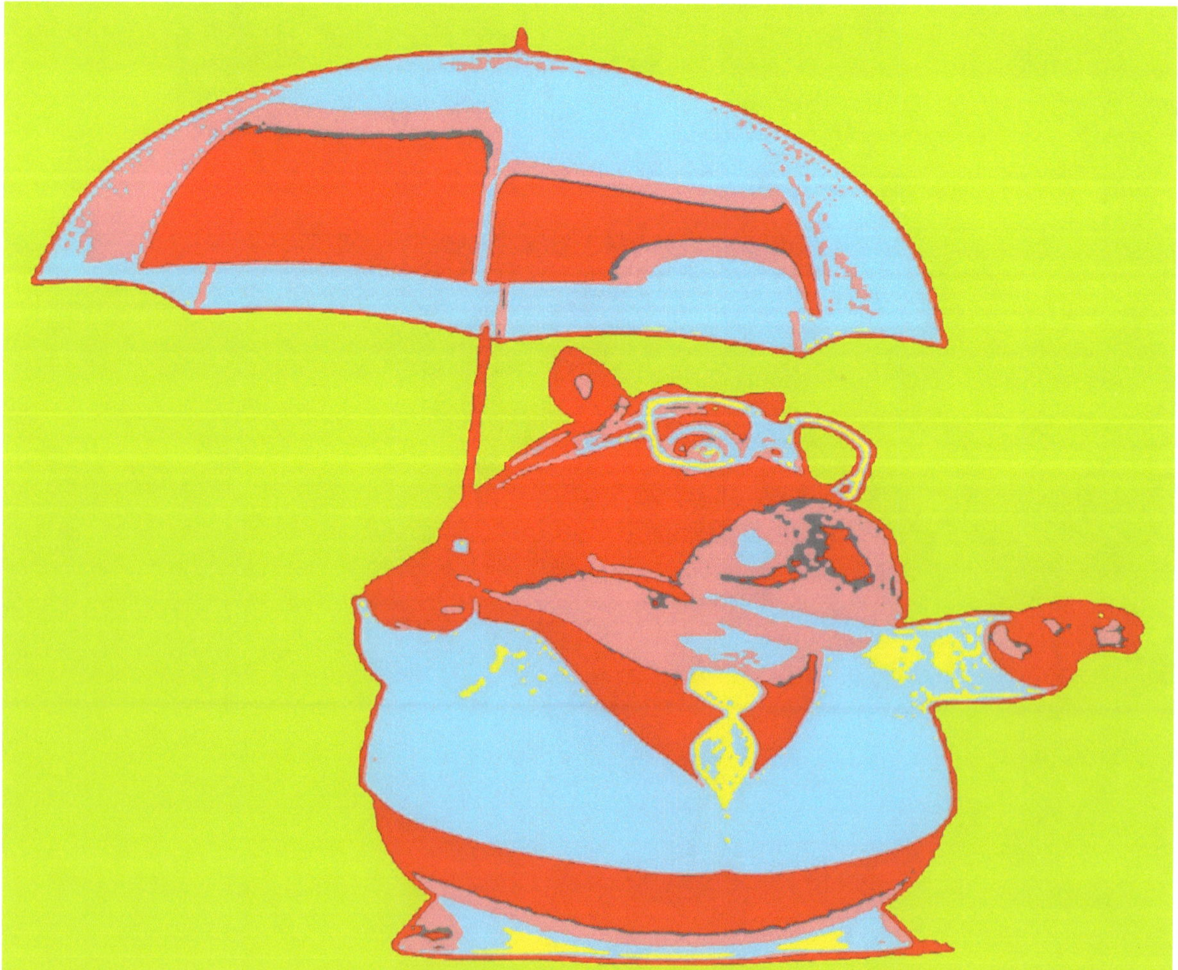

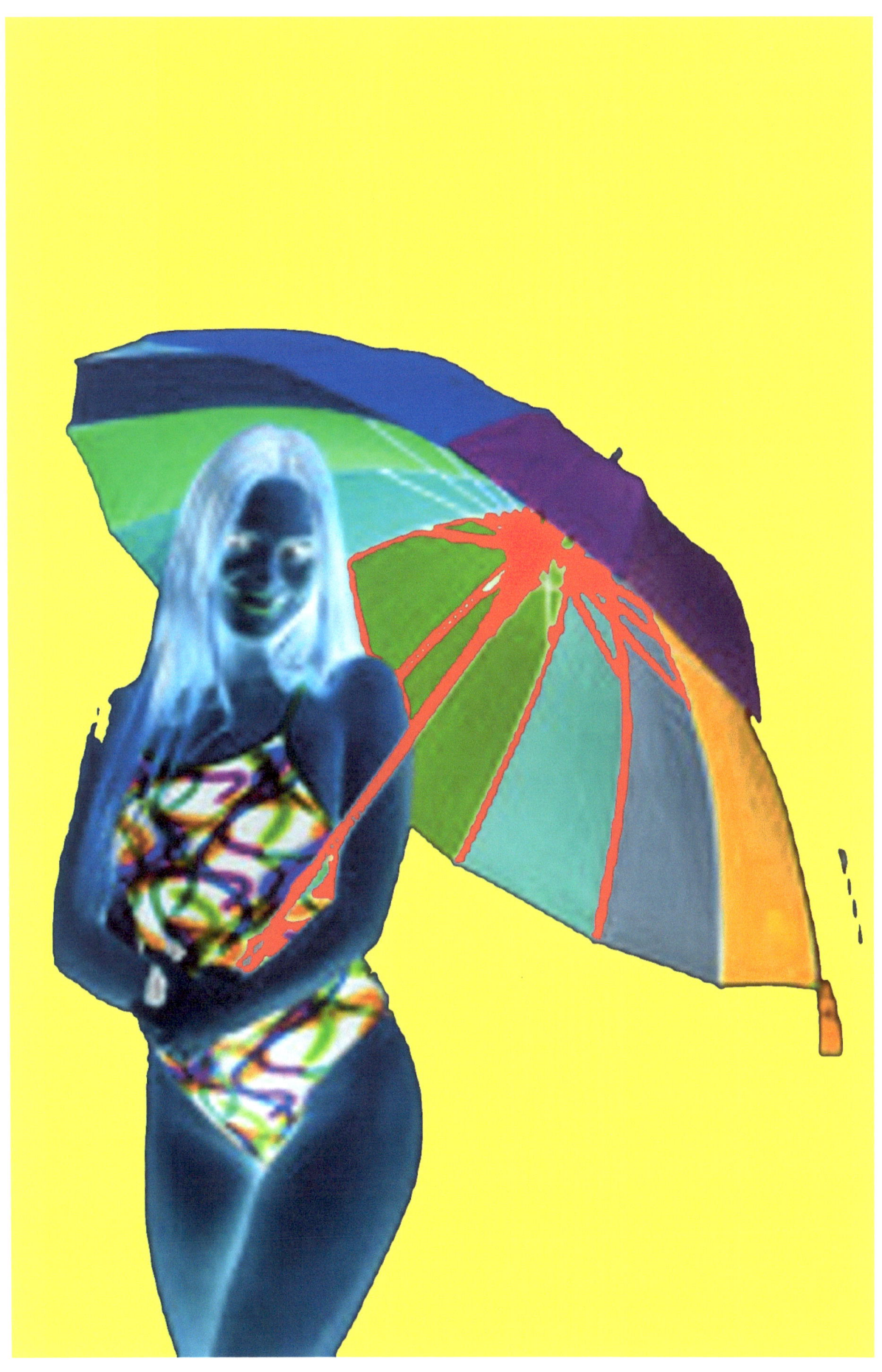

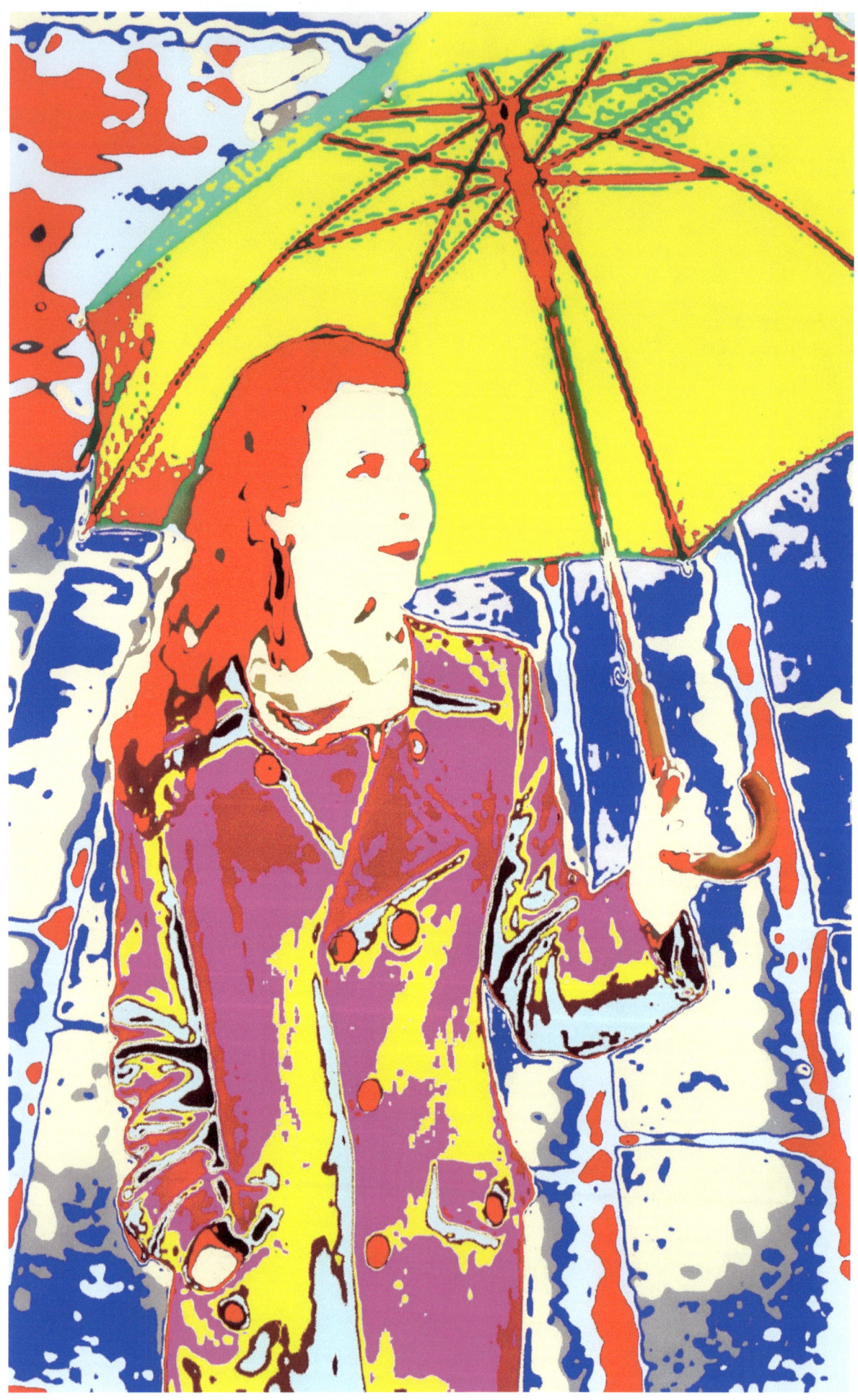

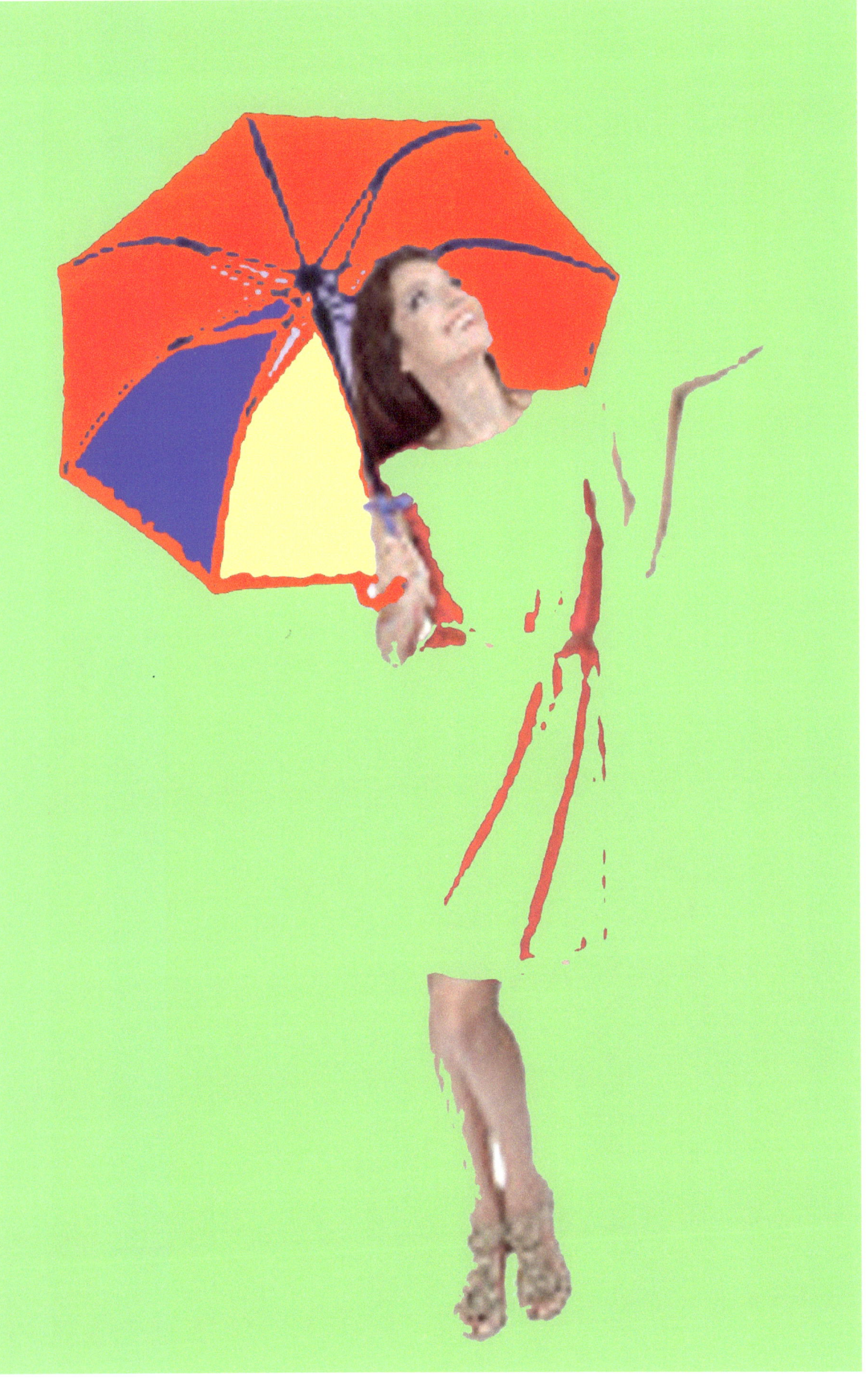

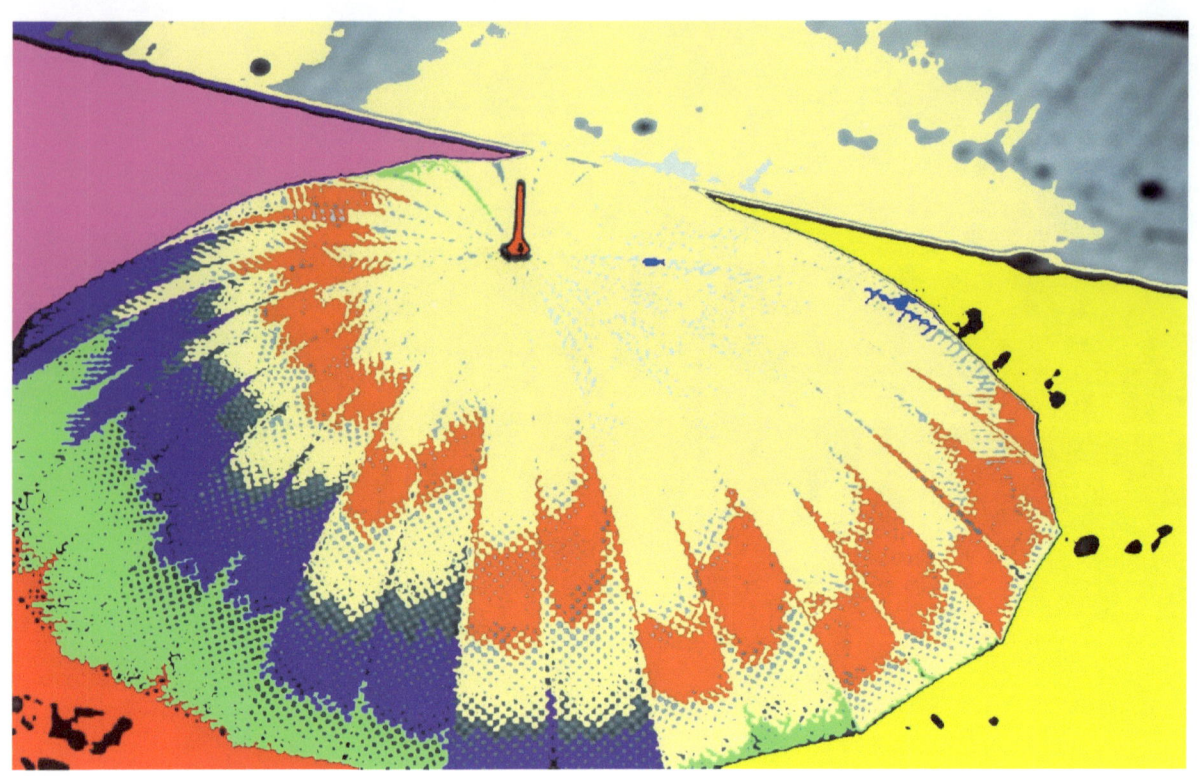
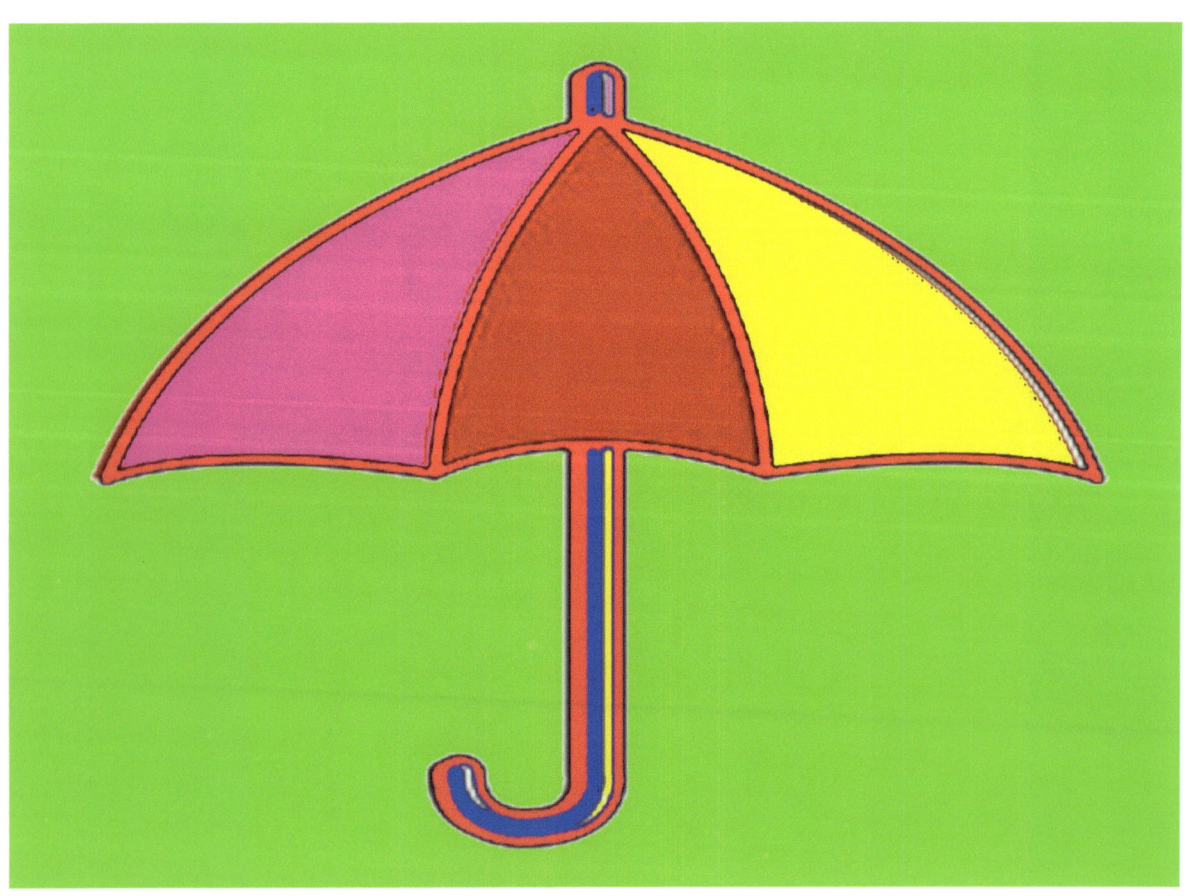

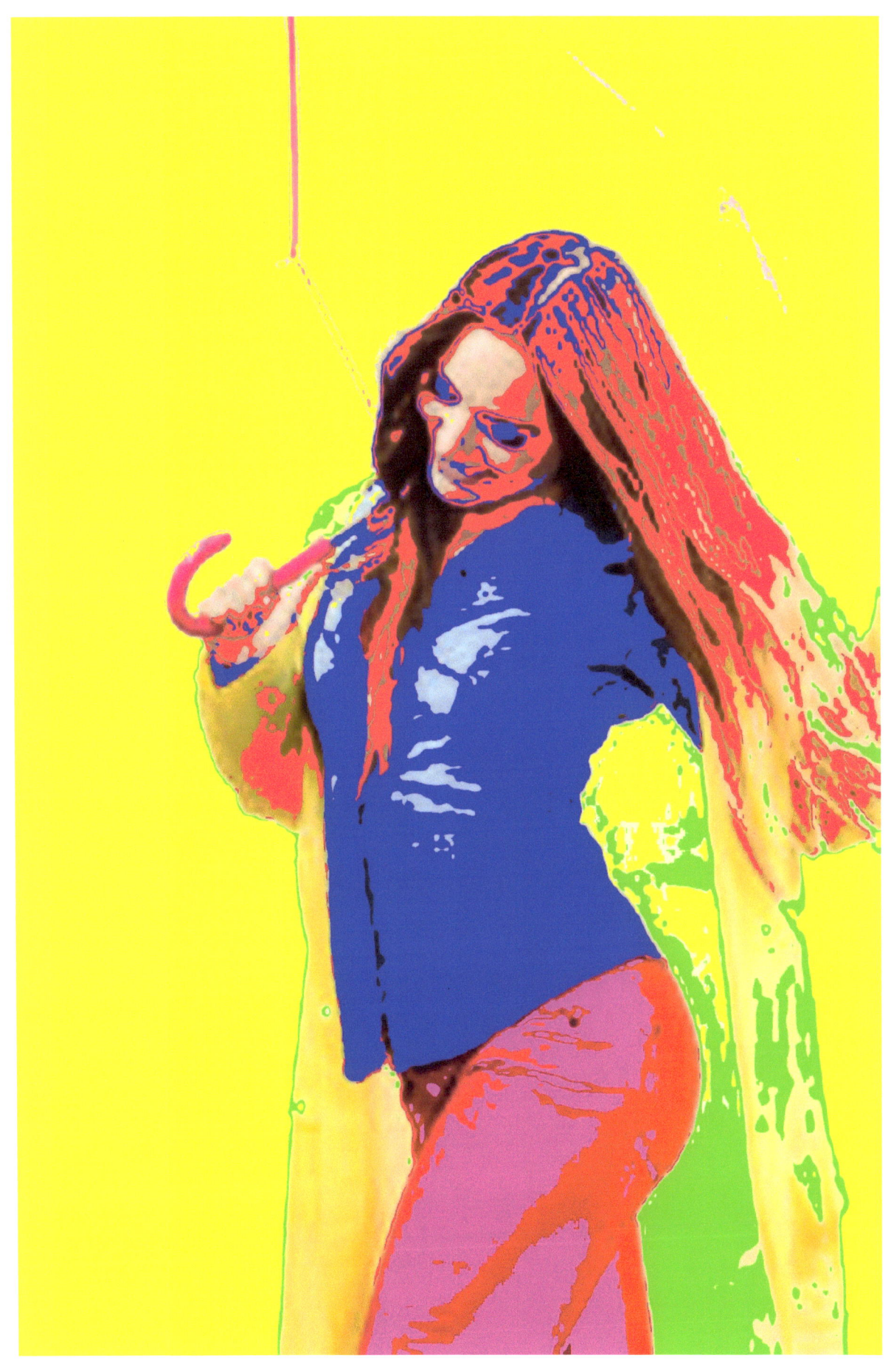

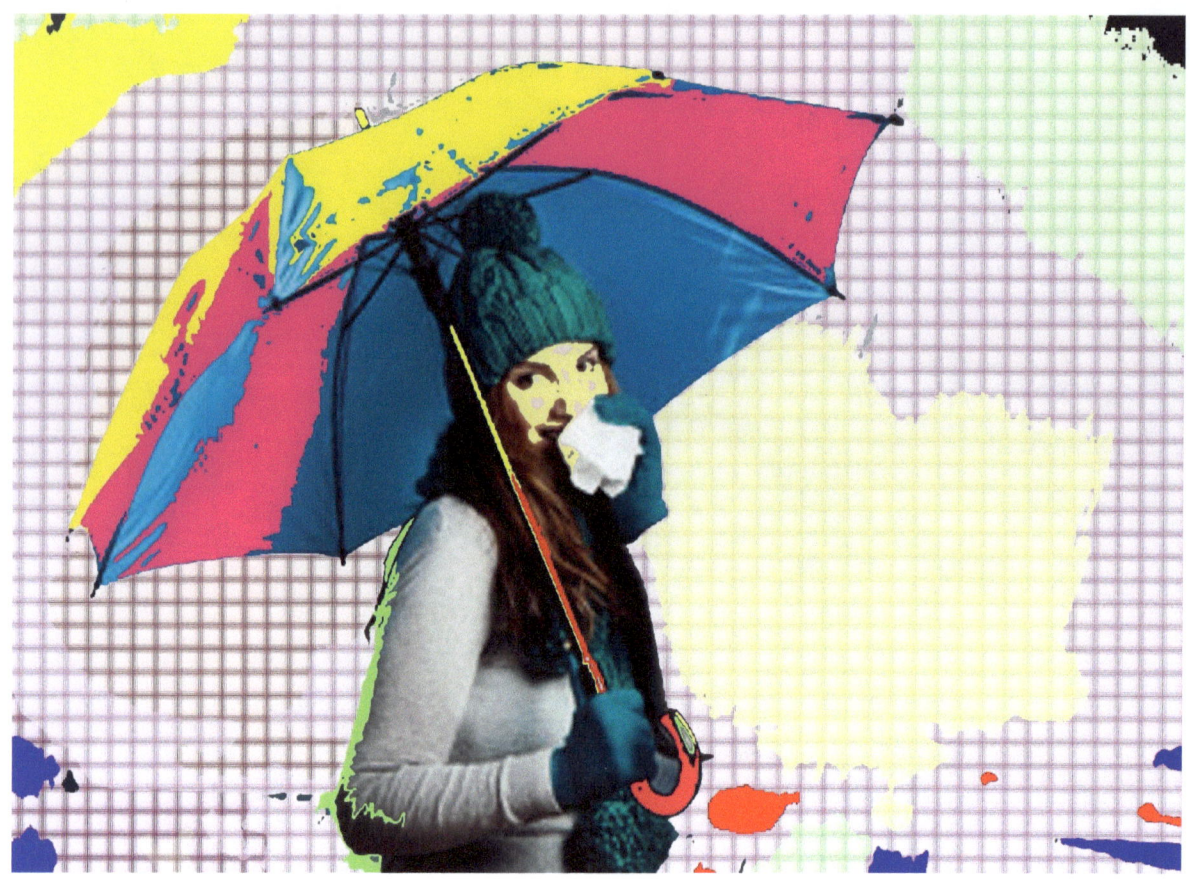

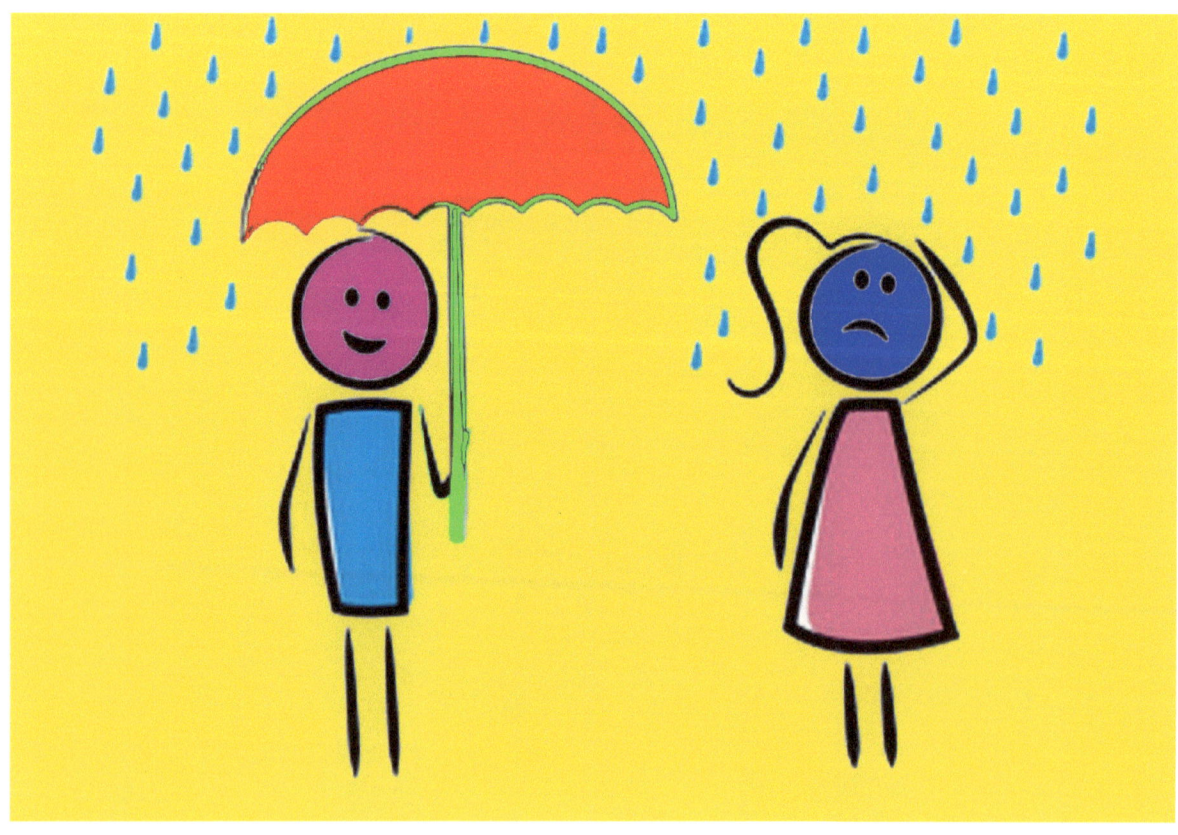

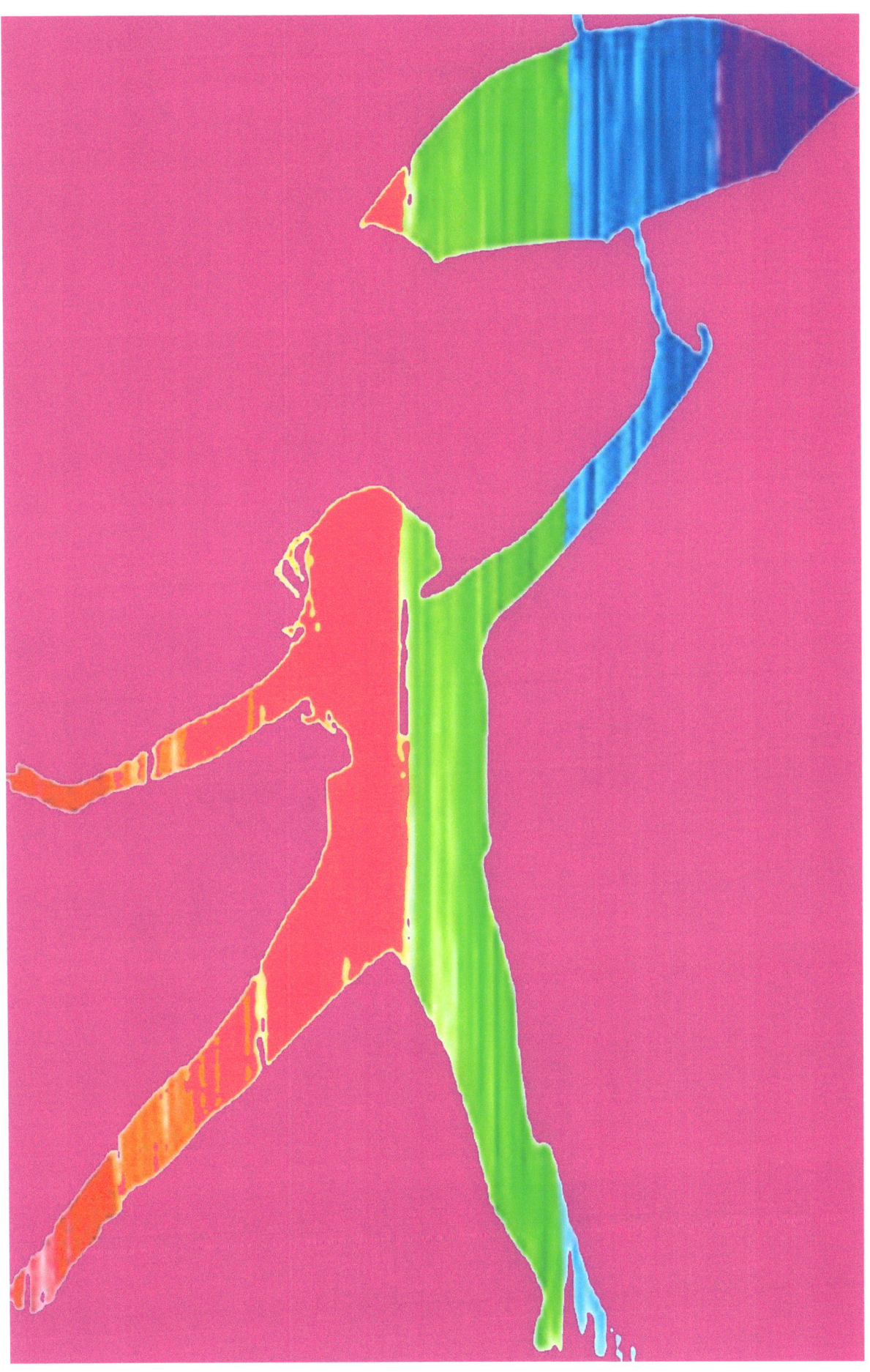

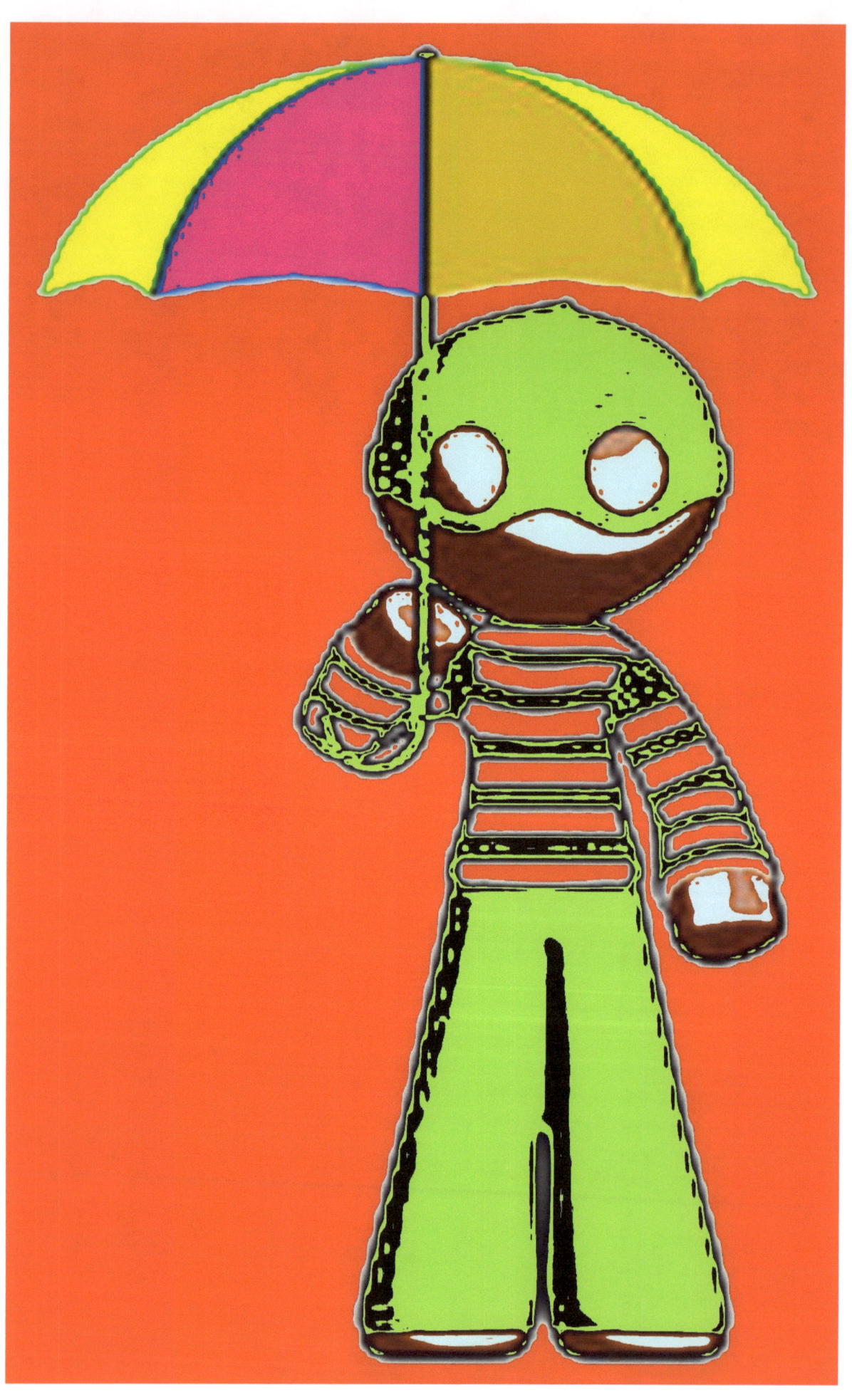

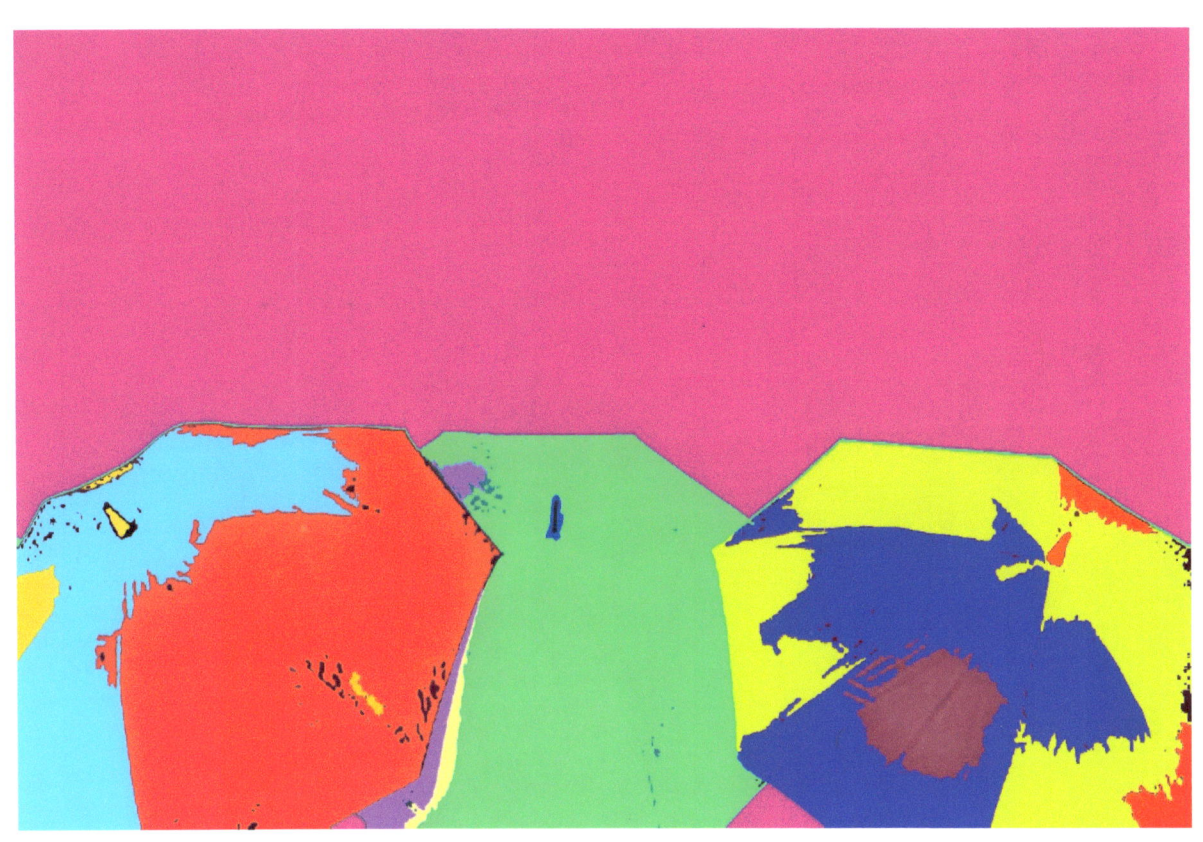
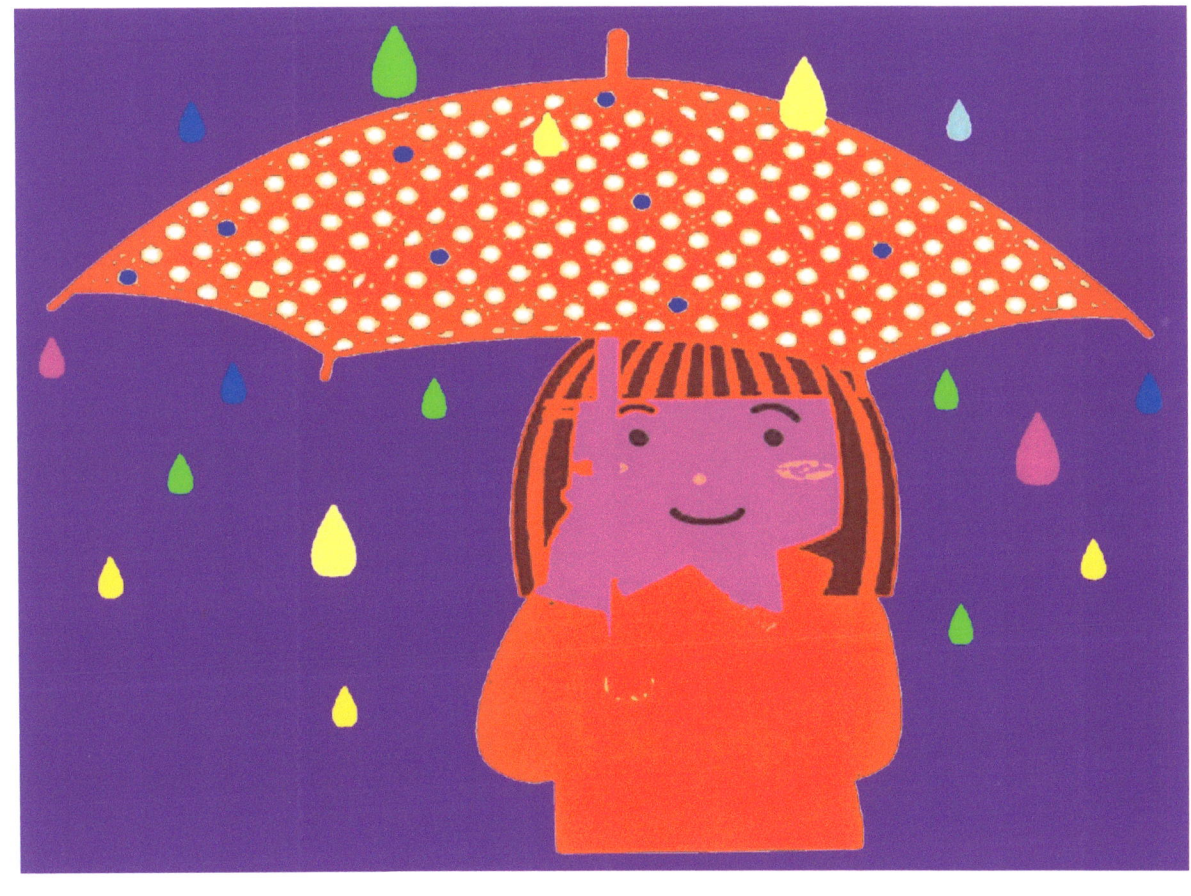

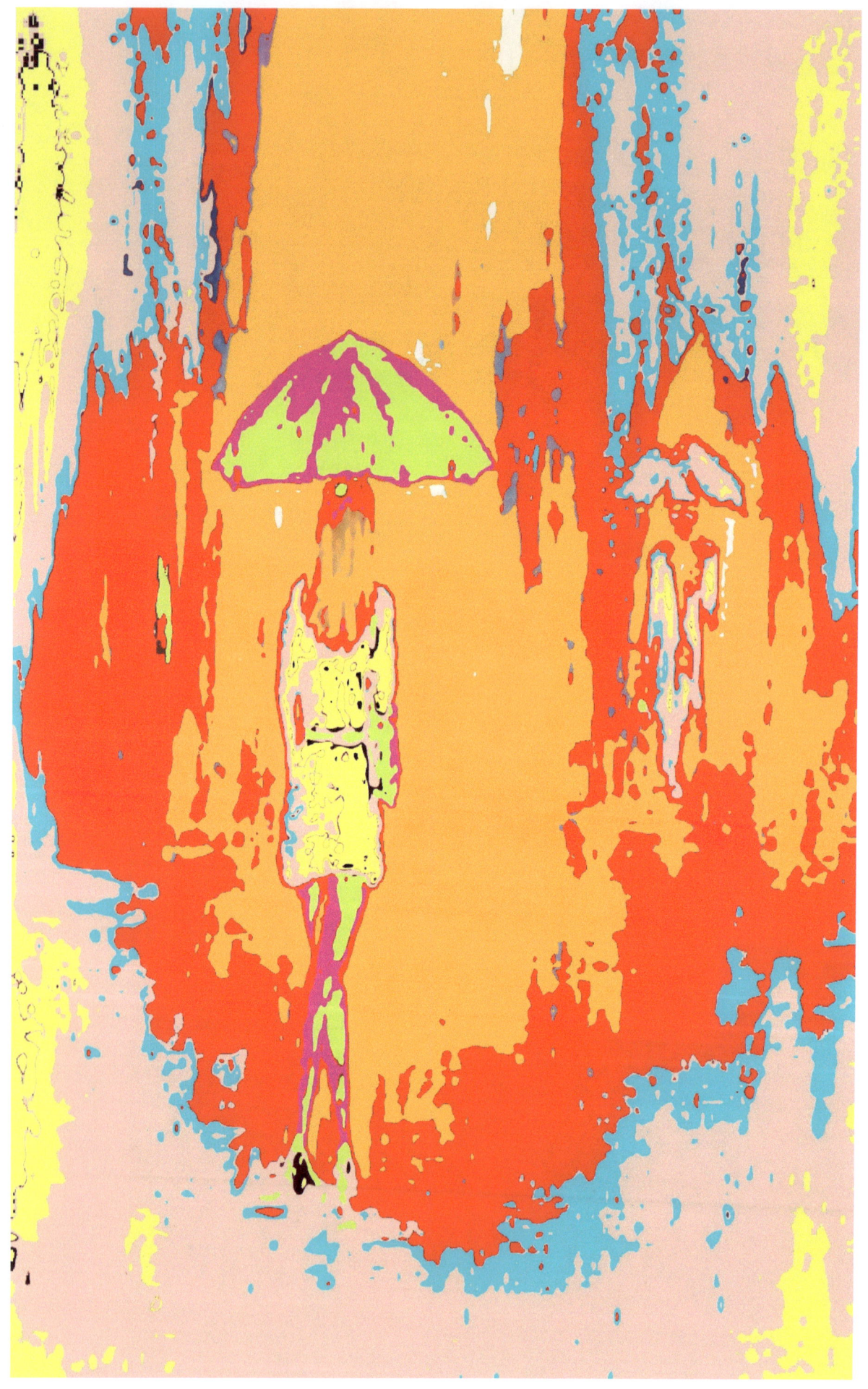

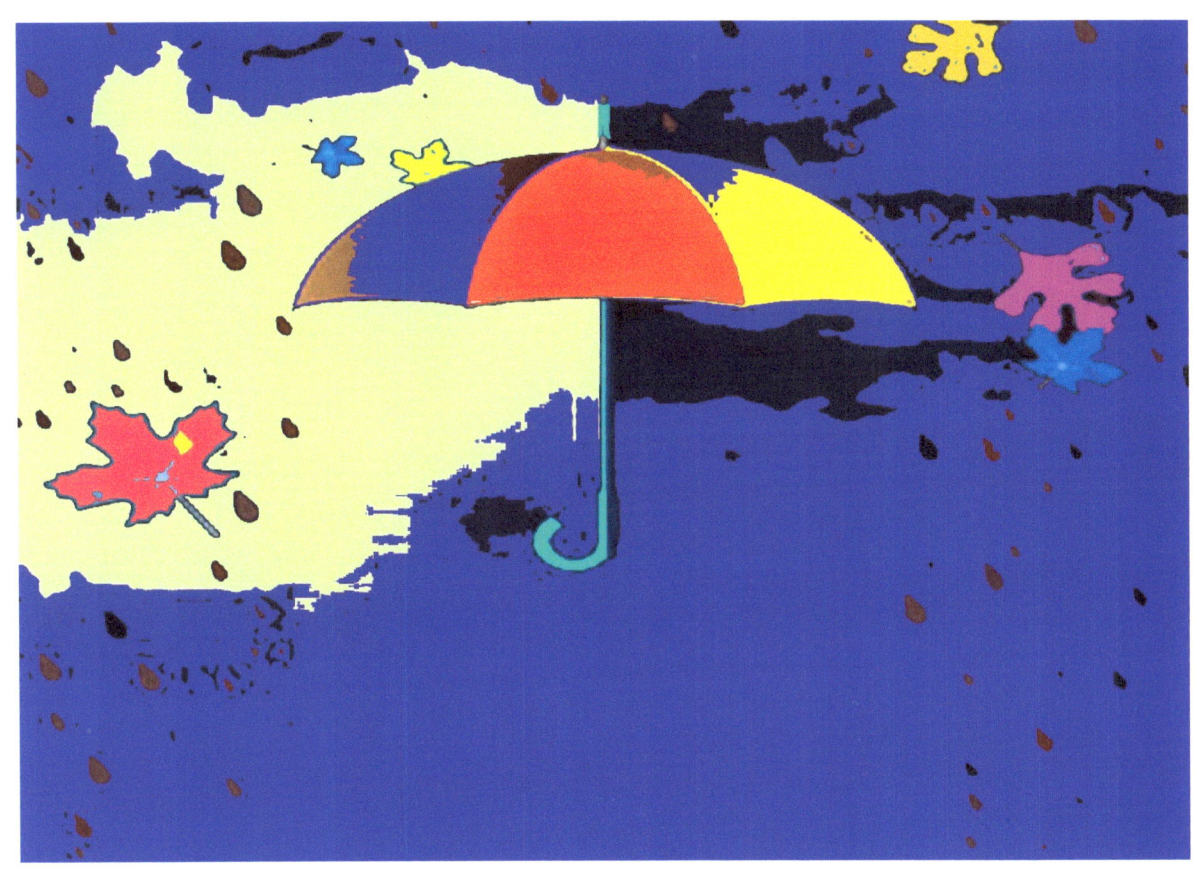
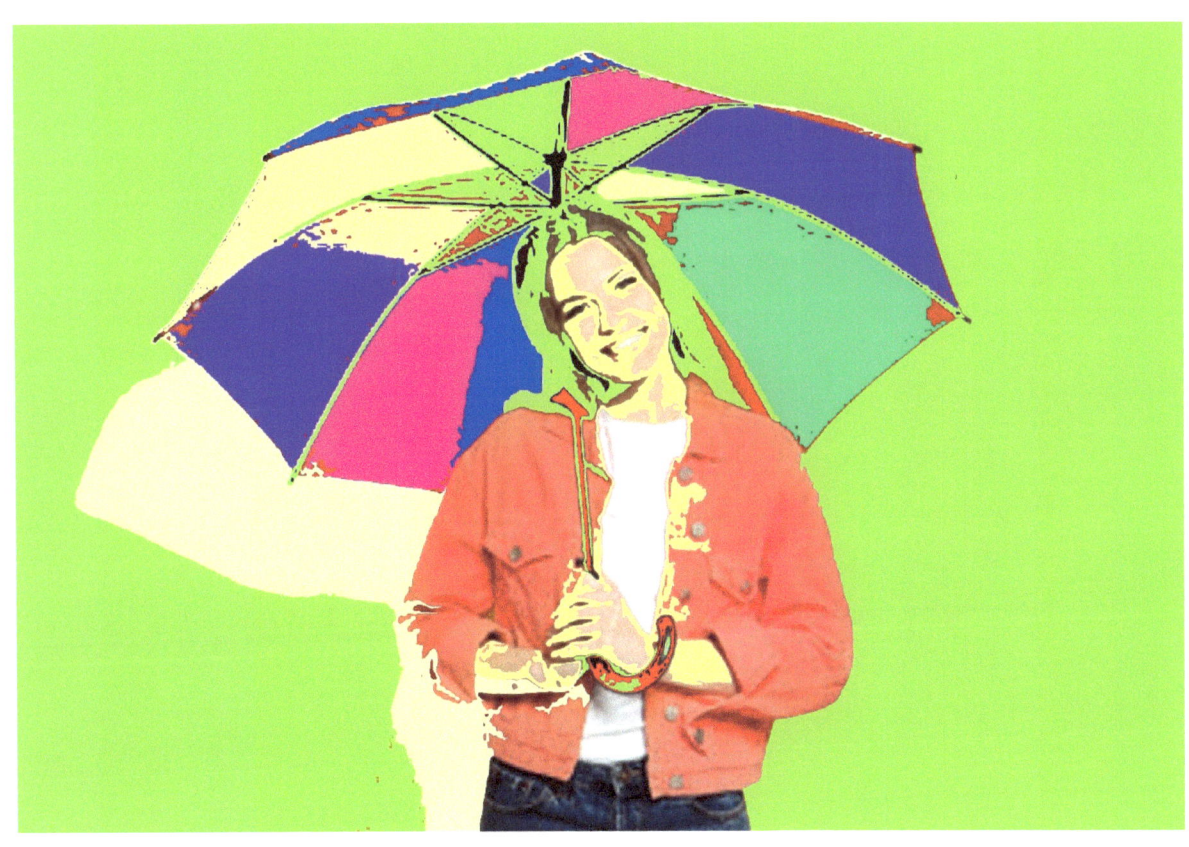

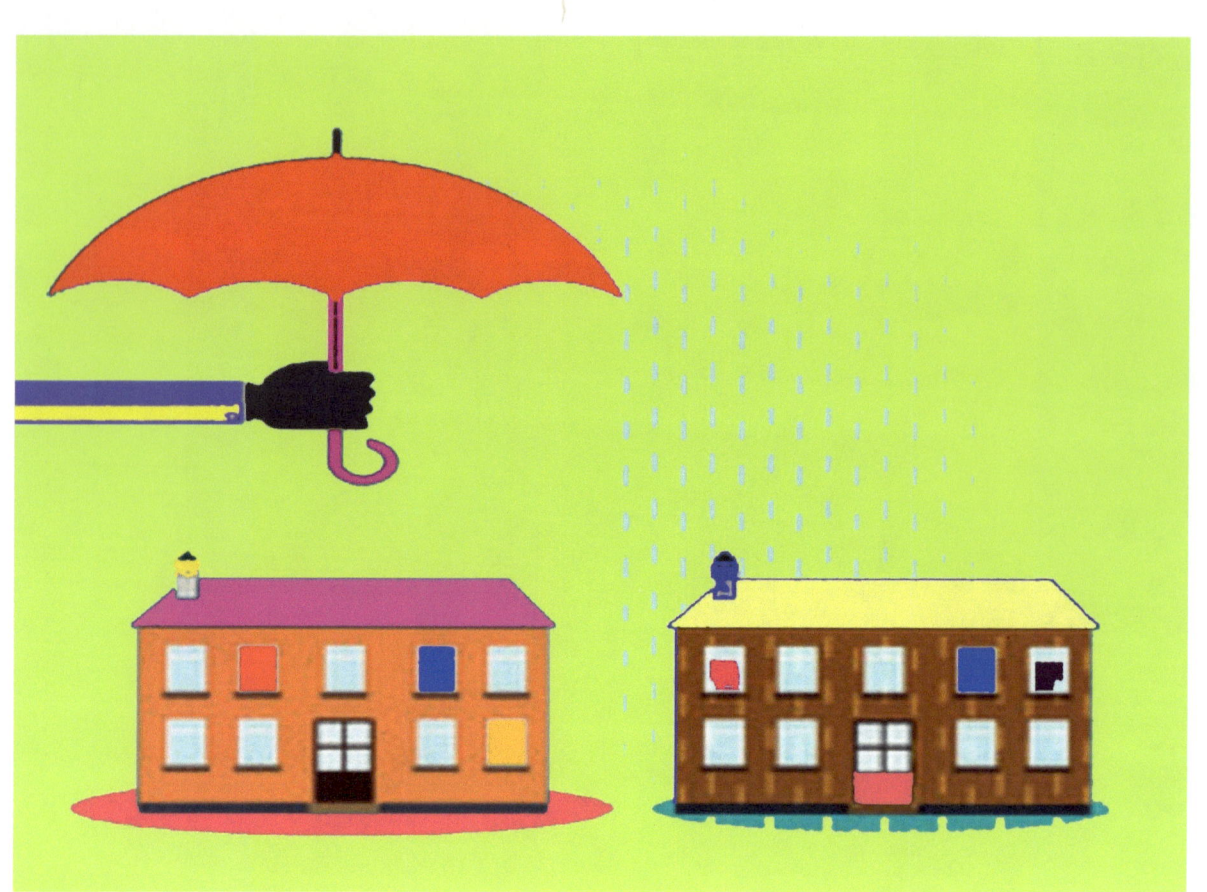
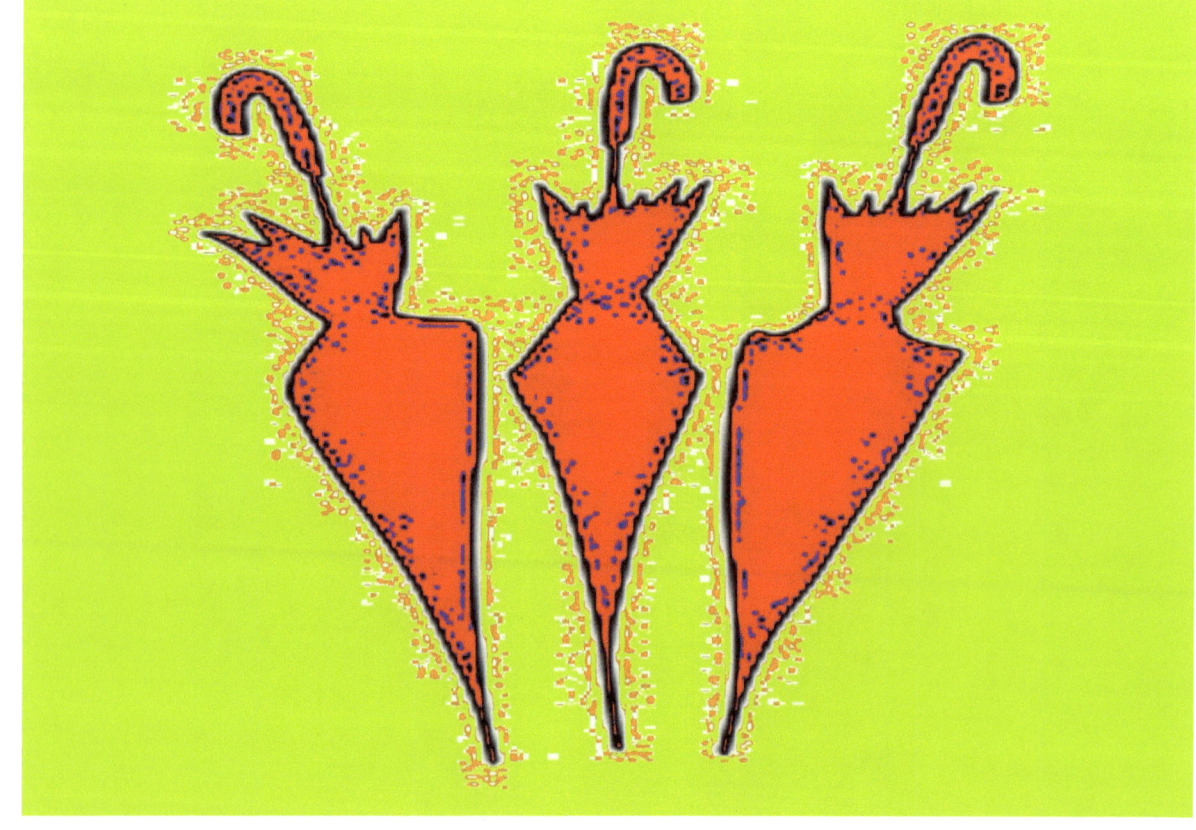

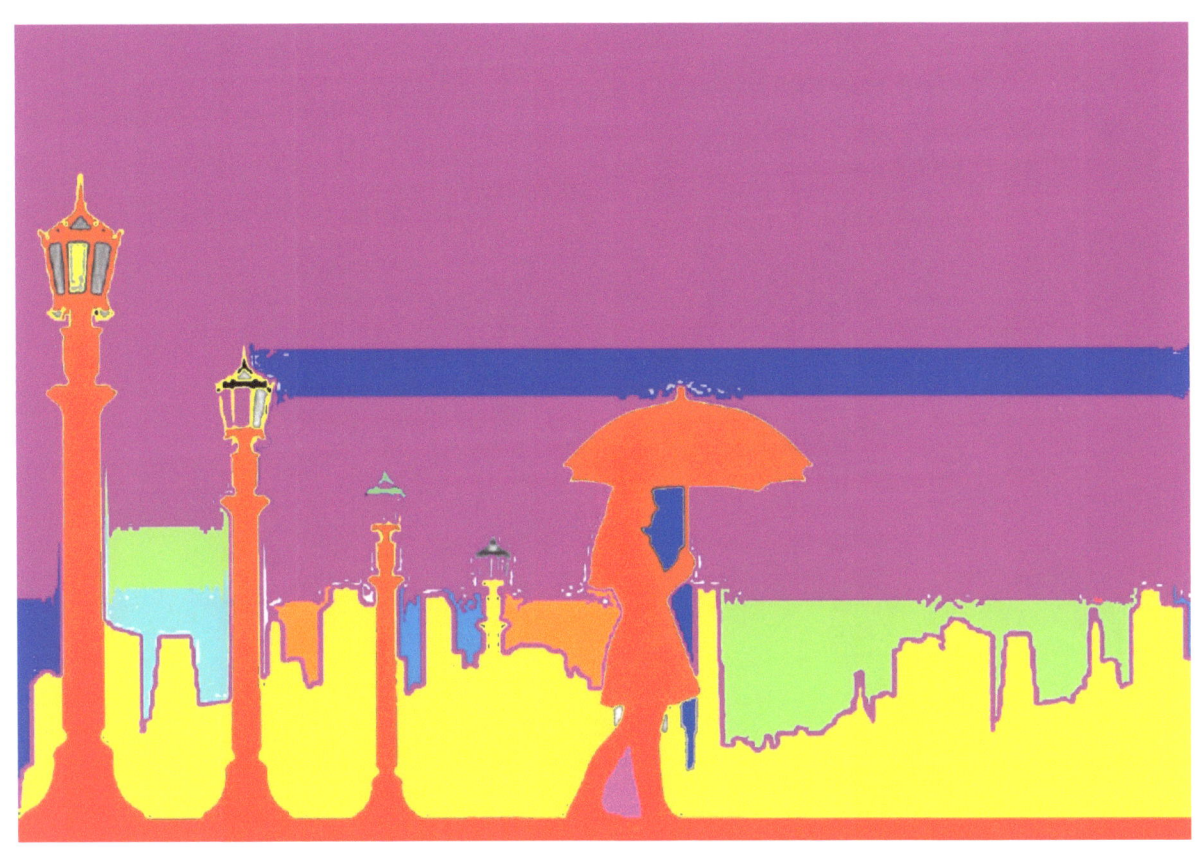
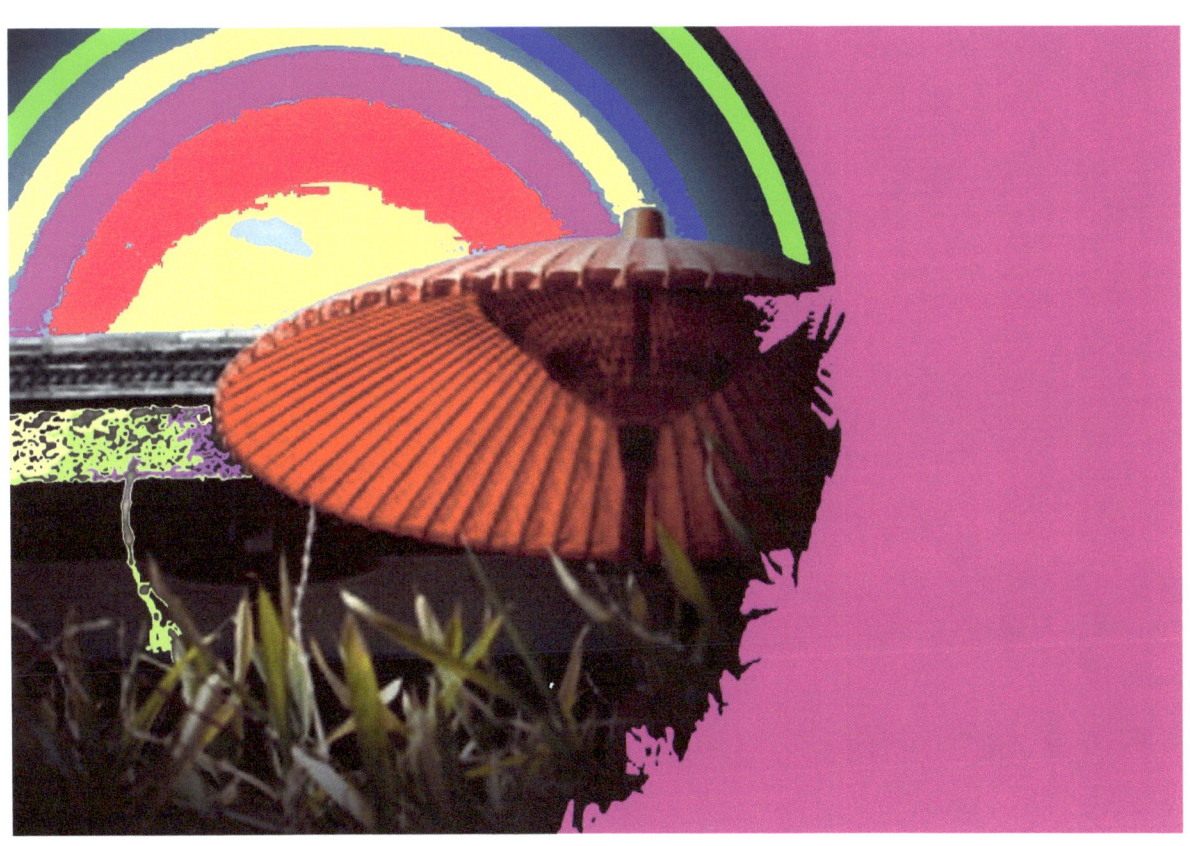

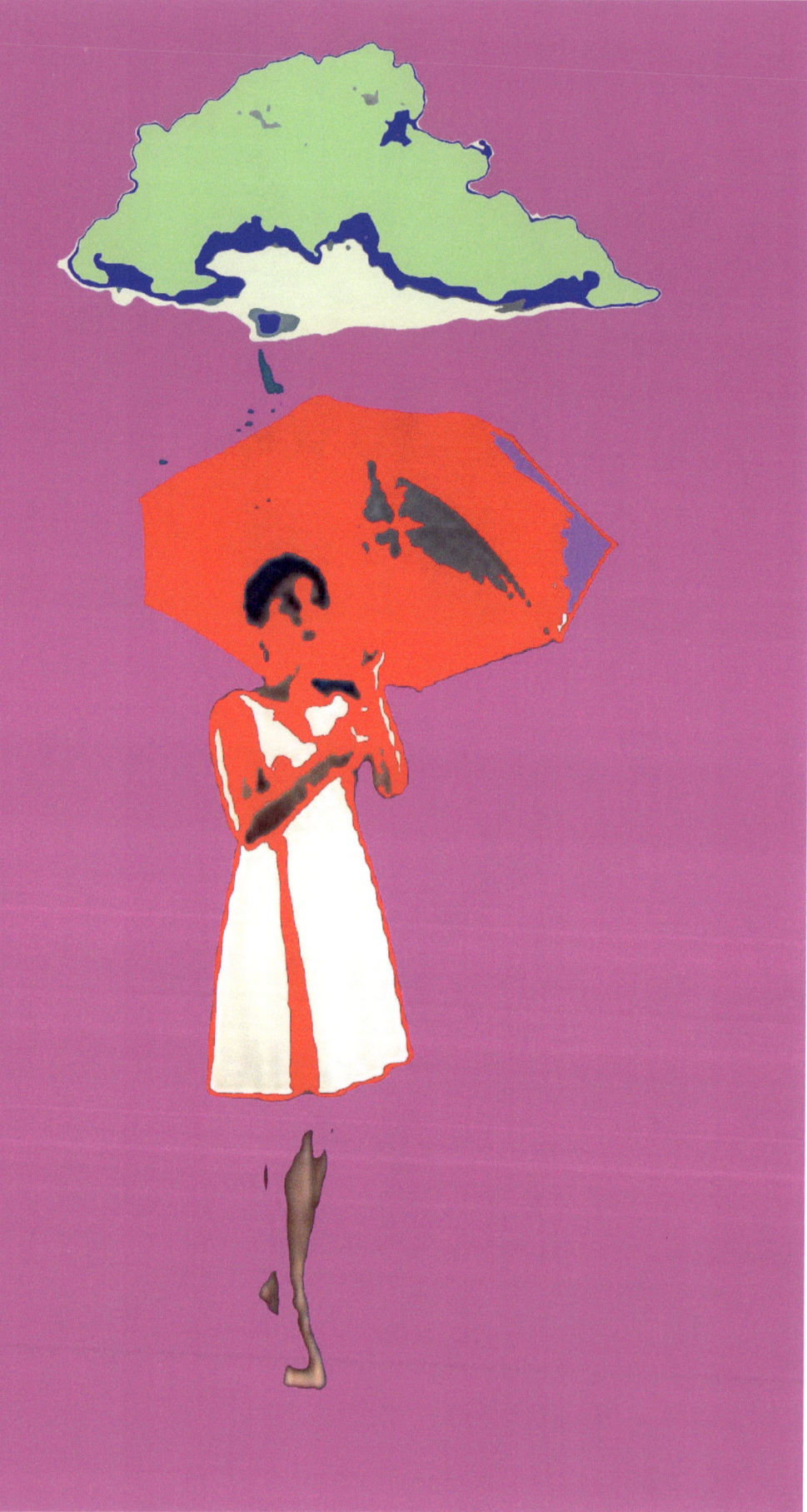

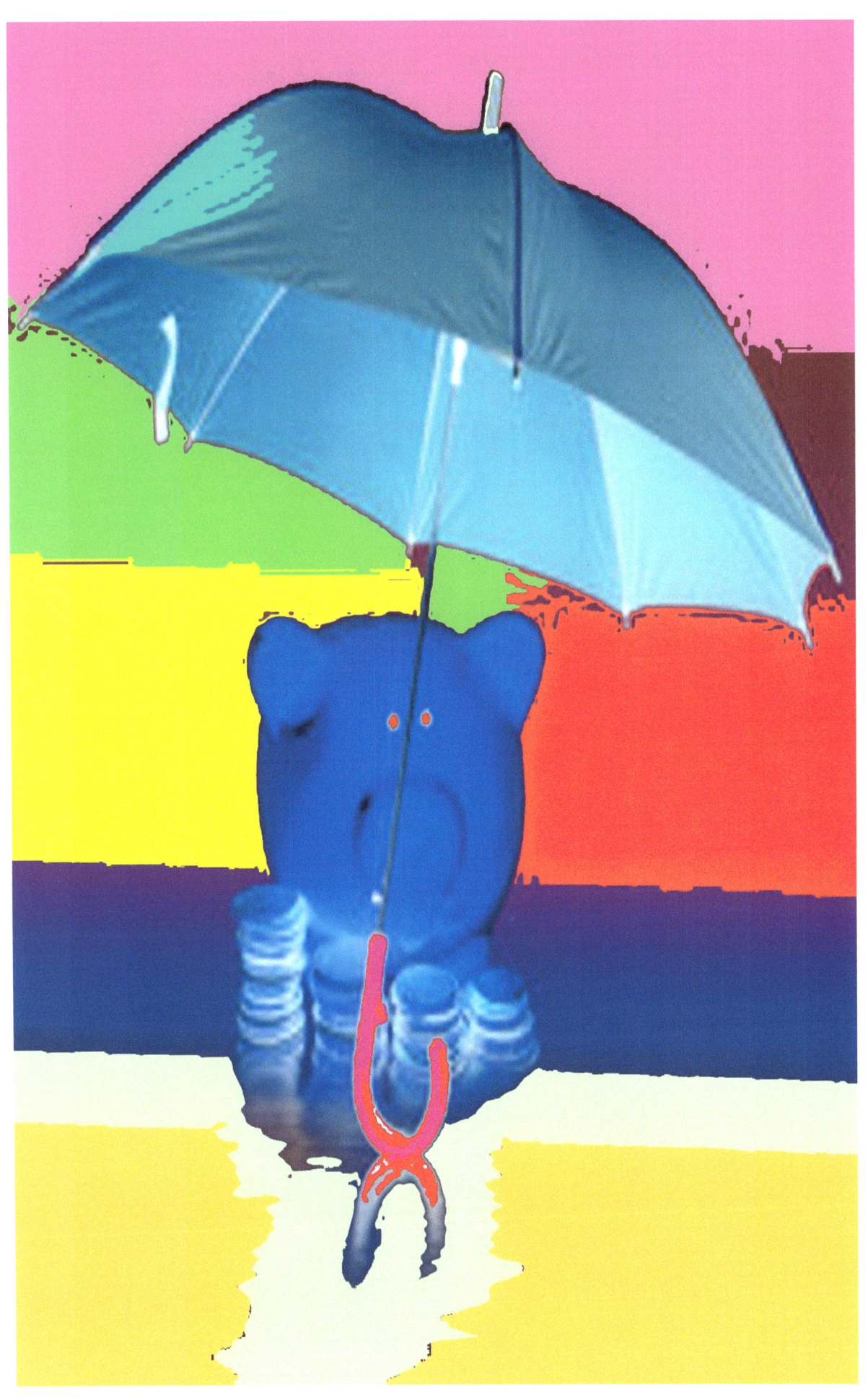

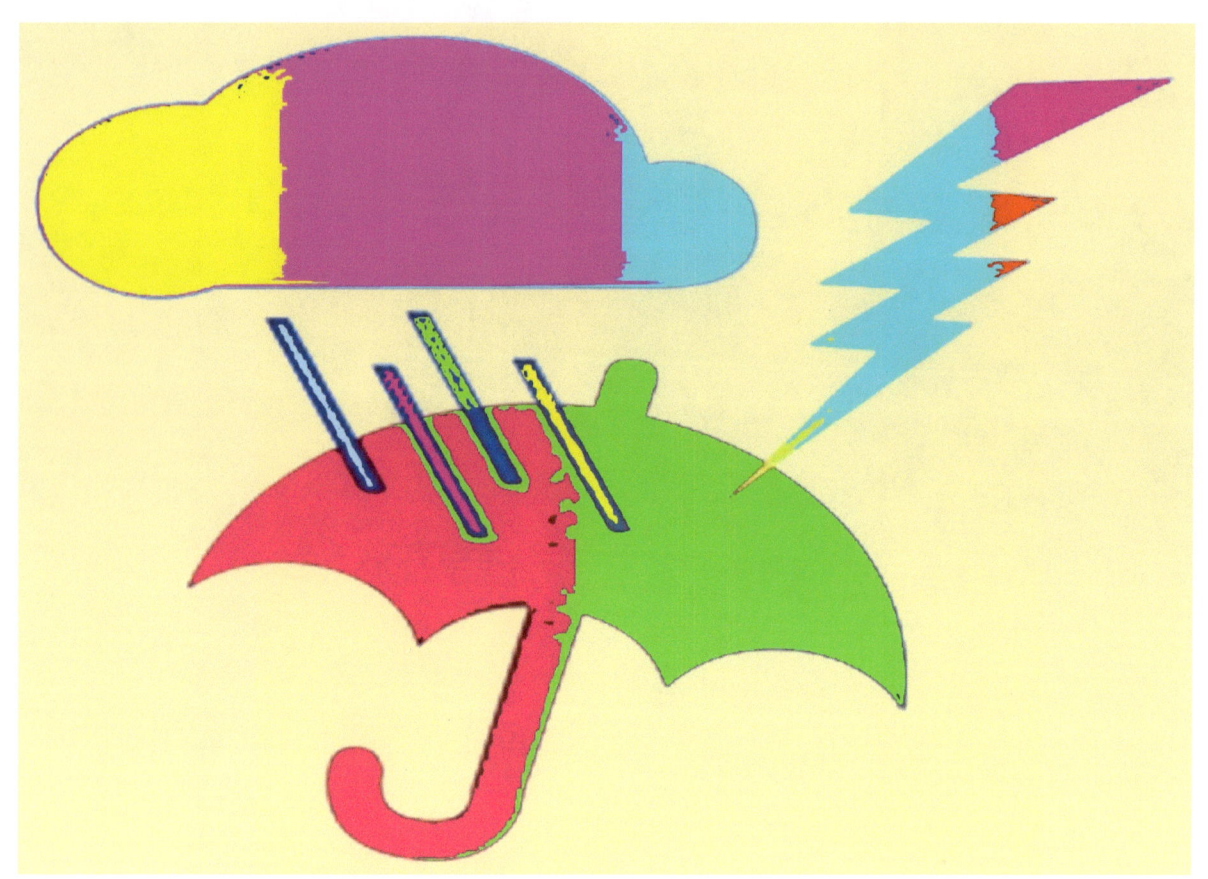
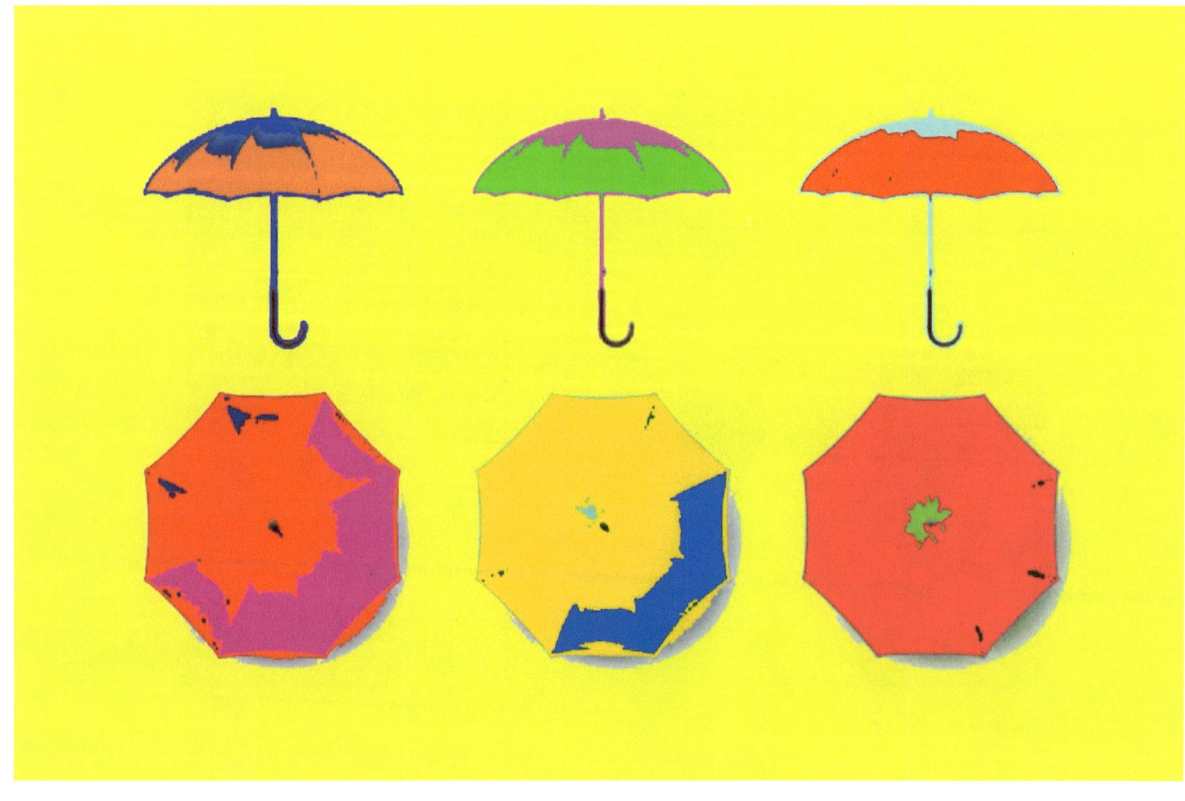

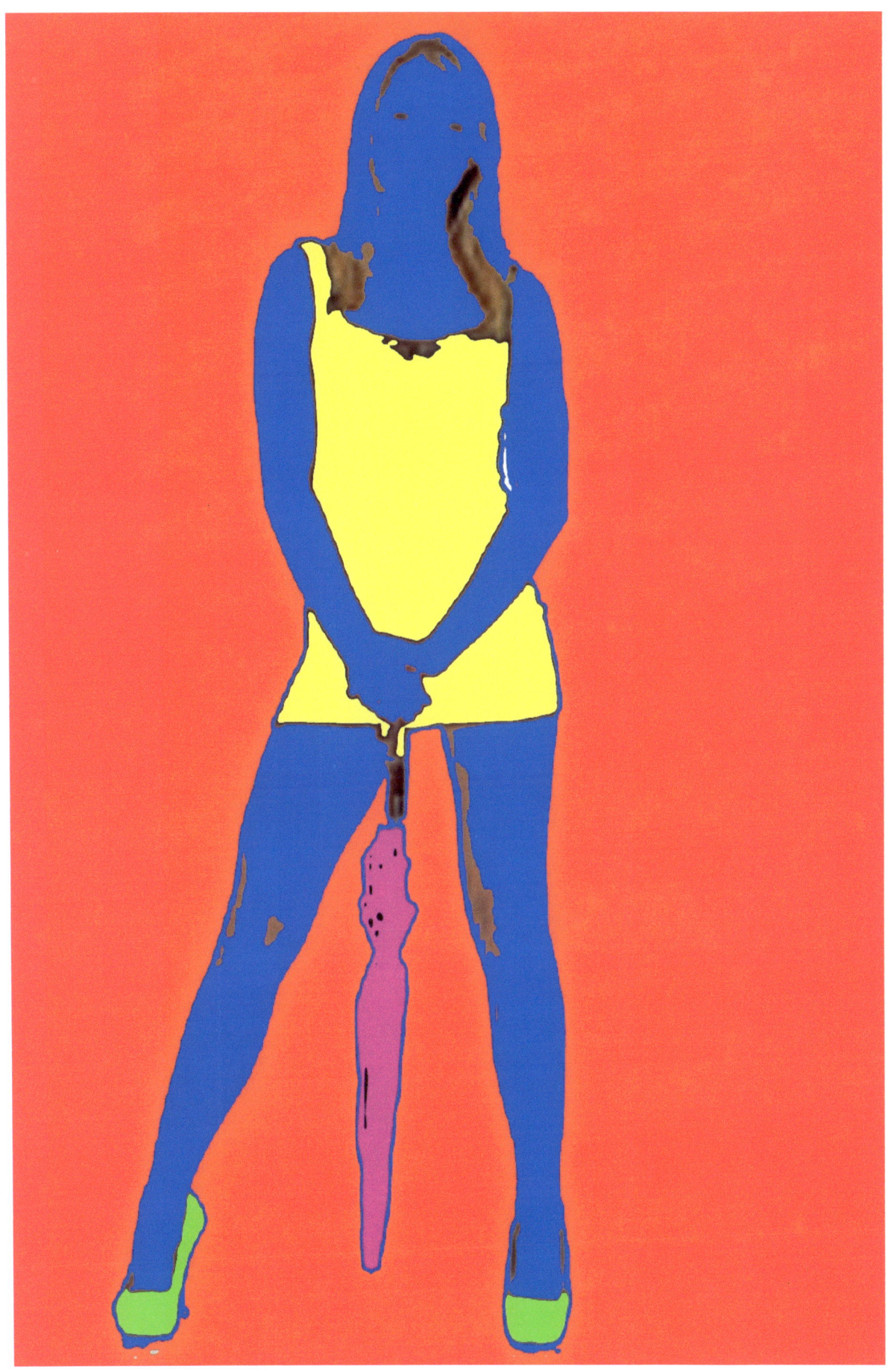

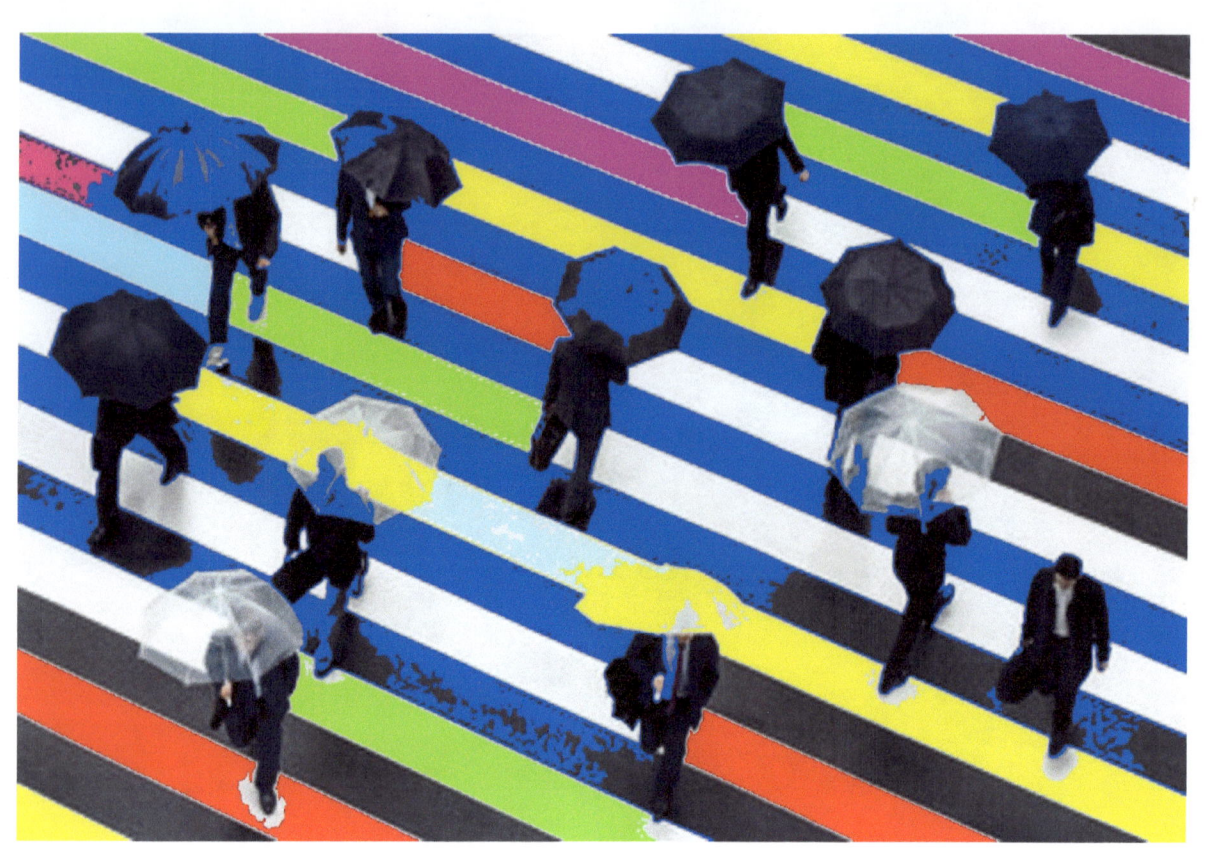

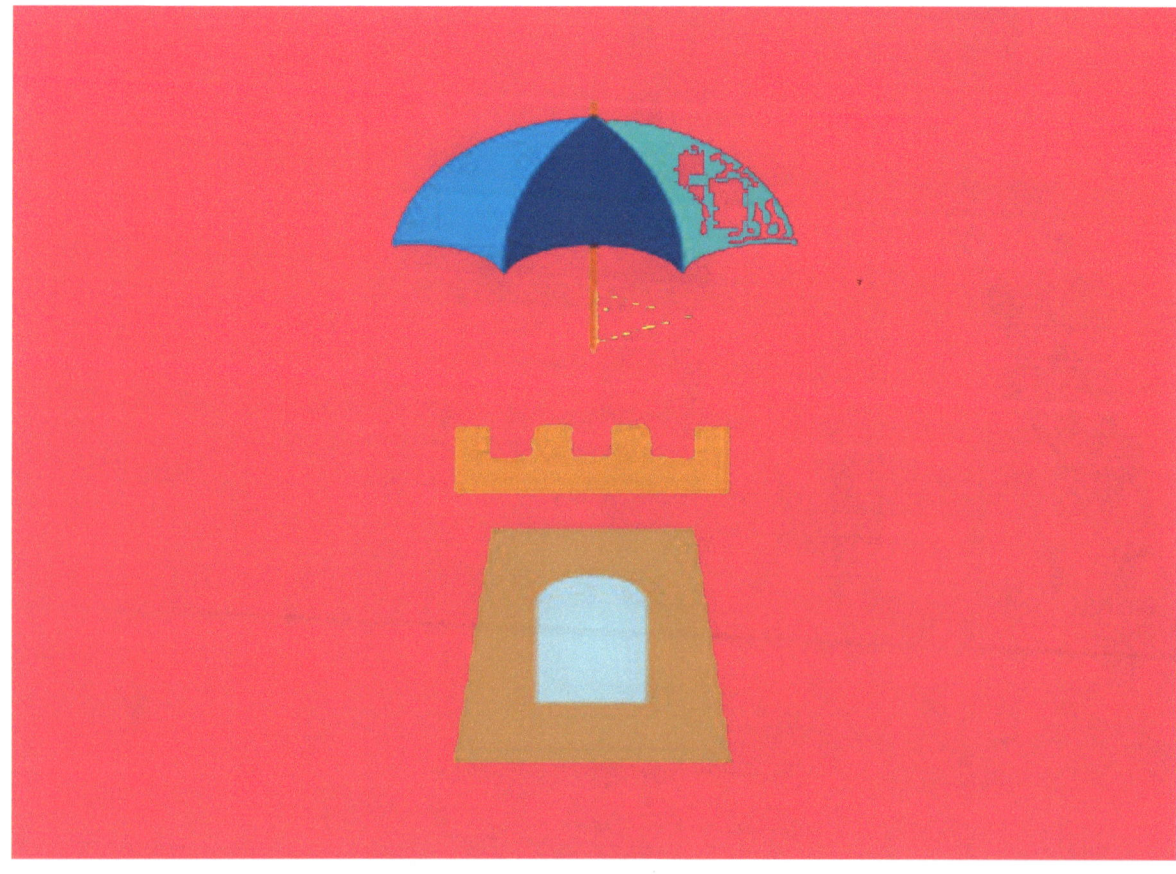

Anhang

Der Bildband

Pop Art Regenschirme

ist auch auf folgenden Verkaufskanälen als eBook erhältlich:

Amazon Kindle

Des Weiteren mit der ISBN:

978-3-9624-6495-0

bei:

Barnes & Noble

Casa del Libro

iBookstore

Kobo/Fnac

Weltbild, Hugendubel, Thalia, buch.de, buecher.de.

Donauland.at, Google Play Books, e-Sentral, Scribd

und einige mehr… .

www.ingramcontent.com/pod-product-compliance
Lightning Source LLC
Chambersburg PA
CBHW040453220526

45473CB00004B/1615